CHIANG RAI

CHIANG RAI

必訪文化景點╳絕美產地咖啡館╳道地美食╳
在地人行程推薦,讓你一次玩遍清萊

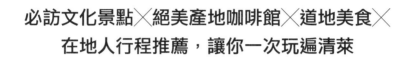

清萊◎
慢慢來

尤娜 著

慢慢品味迷人的清萊，撫平躁動的心

　　與清萊最初的緣分，始於數年前電視上的一集旅遊節目，那時她們去了一個地方，明明是在泰國境內，全村的人卻講著中文，學校裡教孩子ㄅㄆㄇㄈ，還到處懸掛中華民國國旗，那天我才知道，原來這個不可思議的地方叫作「美斯樂」，從此它便深深吸引著我，讓我無論如何都想親自去看一看。

　　永遠都忘不了第一次前往美斯樂的路程有多麼曲折坎坷，找不到清楚的交通資訊，一路上不斷在鳥不生蛋的地方被丟下來轉車，靠著友善泰國大媽的比手畫腳，以及打電話跟民宿老闆求救，才終於到達美斯樂。

　　只不過上來之後發現，一切的辛苦都是值得的。清萊的山林，真的好美。輾轉在清萊認識了許多朋友，我從沒想過我會這麼一次又一次地回來這個大部分的人聽都沒聽過的地方，不管是美塞、清盛、帕黨山，每次去之前都是想著，「那裡好像也沒什麼，就稍微去逛一下好了」，只是我每去一個地方，就感嘆貧瘠的旅遊資訊與迷人的景點之間的落差，然後又更愛清萊一點了。

　　這麼棒的地方，我真的想跟更多的人分享。

　　感謝父母家人的支持，感謝我的清萊好友 JaAey 告訴我這麼多好地方，也感謝每一段路上陪我旅行的朋友們，協助我拍照、蒐集資訊。

　　如果有人問我，退休之後想在哪裡生活？我想我會毫不猶豫地回答：清萊吧！因為那裡什麼都沒有，但是那裡什麼都有。

　　有許多清萊的年輕人曾經嚮往城市，背離清萊前往曼谷尋找自己的夢想，可是在冷漠的大都會裡遍尋不著青鳥的蹤跡，才發現，原來最重要的東西不在他處，就在自己的家鄉。清萊是歸來之鄉，安撫著旅人躁動的心，縱使有再多的負累，都可以在這裡輕輕卸去。

　　玩清萊很容易，帶著這本書，慢慢來就可以。

Una 尤娜

本書使用說明

A

藍廟 | Wat Rong Suea Ten | วัดร่องเสือเต้น
金藍交錯的高人氣寺廟

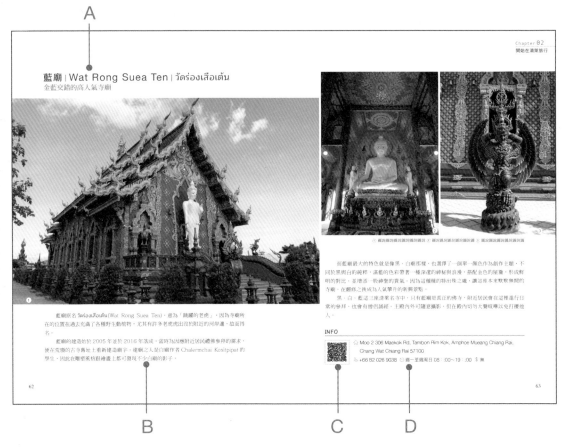

① 藍設圖設圖設圖設圖設圖設 ② 藍設圖設圖設圖設圖設圖 ③ 藍設圖設圖設圖設圖設圖

藍廟原名 วัดร่องเสือเต้น(Wat Rong Suea Ten)，意為「跳躍的老虎」，因為寺廟所在的位置在過去充滿了各種野生動物，尤其有許多老虎出沒附近的河岸邊，故而得名。

藍廟的建造始於 2005 年並於 2016 年落成，當時為因應附近居民禮佛參拜的需求，使在荒廢的古寺舊址上重新建造廟宇。建廟之人是白廟作者 Chalermchai Kositpipat 的學生，因此在雕塑風格跟繪畫上都可發現不少白廟的影子。

而藍廟最大的特色就是像黑、白廟那樣，也選了一個單一顏色作為創作主題，不同於黑與白的純粹，湛藍的色彩帶著一樣深邃的神秘與浪漫，搭配金色的屋簷，形成鮮明的對比，並增添一般神聖的貴氣，因為這種種的特出殊之處，讓這座本來默默無聞的寺廟，在廟修之後成為人氣攀升的新興景點。

黑、白、藍這三座清萊著名寺中，只有藍廟是真正的佛寺，附近居民會在這裡進行日常的參拜，也會有僧侶誦經，主殿內外可隨意攝影，但在殿內切勿大聲喧嘩以免打擾他人。

INFO

⌂ Moo 2 306 Maekok Rd, Tambon Rim Kok, Amphoe Mueang Chiang Rai, Chang Wat Chiang Rai 57100

☎ +66 82 026 9038 ⏱ 週一至週周日 08：00～19：00 $ 無

62   63

B   C   D

A. 景點或店家名稱：中、英、泰文並陳讓你更方便搜尋。

B. 內容：介紹景點與其特色。

C. QR code：用手機掃描，即可跟著導航到達目的地。

D. 資訊：提供地址、電話、營業時間等基本資訊。

> **TIPS**

1. INFO 圖示說明：⌂地址、☎電話、⏱營業時間、$費用、⊕網站。

2. 本書內容皆以採訪店家當時的資訊、情況，詳實資料以當地店家公告或實際狀況為主。

目錄。CONTENTS

Chapter 01
認識清萊

Chapter 02
行前要準備的事

Chapter 03
抵達清萊後

Chapter 04
開始在清萊旅行

Chapter 05
清萊必買禮物、必吃美食

Chapter 06
到美斯樂、美塞旅行

Chapter

01

認識清萊

到清萊旅行有哪些需要注意的事項？

從地理、氣候、歷史、文化等情報分享，

讓你對清萊有更進一步的了解！

地理

　　清萊為泰國全境最北端的省份，順時針依序與緬甸、寮國，以及泰國的帕堯府、南邦府、清邁府相接。中南半島的重要河流「湄公河」在清萊府東北方與寮國形成國界，河中特產的「孔明魚」是邊界小鎮「清孔」的著名美食，而泰、緬、寮三國交界的地區便是在上個世紀震懾全球的毒品重鎮「金三角」。

　　清萊與曼谷相距 700 多公里，與清邁相距 100 多公里，交通往來極為方便，每天都有數班飛機與巴士往返。

各城鎮相對位置與特色

　　觀光景點廣布在全府各處，除了市區之外，主要的觀光城鎮有美斯樂、美塞、美沾、清盛、清孔等。市區北邊的美斯樂，即是孤軍電影「異域」的故事場景；最北端的美塞有知名的皇太后花園與磐禧咖啡村；東北邊的清盛是一座具有千年歷史的古鎮；再更往東的清孔蘊有肉質彈嫩的湄公河魚，是泰國的超限定美食；而最東側的帕黨山與指天山國家公園，則是泰國人每年不辭千里都願意自駕上來看雲海的好地方。

氣候

　　由於境內山區多、地勢高，氣溫較中南部舒適宜人。全年的氣候類型約可分為 3 種：3 ～ 5 月乾燥炎熱，也是泰北乃至緬甸與寮國農民的休耕期，農民採收作物之後會用大火焚燒作梗，連月大面積的焚燒造成每年嚴重空污；6 ～ 10 月是雨季，休耕時造成的汙染會在甘露降臨後解除；最宜人的季節是 11 ～ 2 月的冬季，此時平地涼爽山區寒冷，這段時間也是清萊的旅遊旺季。（更詳細的氣候資訊請見第 53 頁）

月份	3月～5月	6～10月	11～2月
氣候	乾季	雨季	冬季
是否適合前往	不建議	可	宜，旅遊旺季

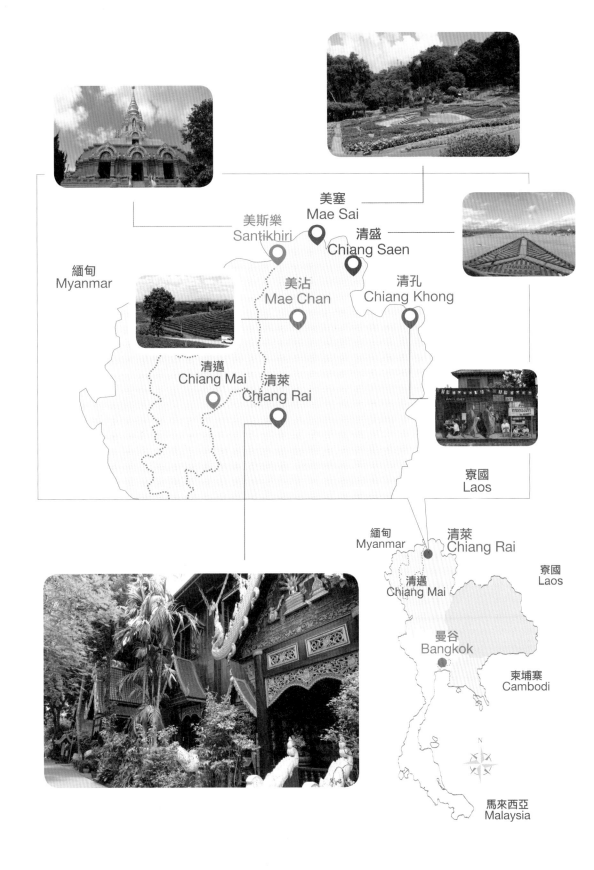

美斯樂
Santikhiri

美塞
Mae Sai

清盛
Chiang Saen

緬甸
Myanmar

美沾
Mae Chan

清孔
Chiang Khong

清邁
Chiang Mai

清萊
Chiang Rai

寮國
Laos

緬甸
Myanmar

清萊
Chiang Rai

寮國
Laos

清邁
Chiang Mai

曼谷
Bangkok

柬埔寨
Cambodi

馬來西亞
Malaysia

歷史背景

　　曾到清邁旅遊過的人必然都聽過這個詞——「蘭納」，這是一個在 1292 ～ 1775 年間（中國的元朝至清朝期間）統治泰國北部的盛世王朝，國土範圍遍及今日的泰北、緬甸、寮國，甚至遠至雲南的西雙版納。

　　大部分的人都知道清邁的古城遺蹟是當年的蘭納首都，但卻很少人知道，這個王朝的建國之都其實是清萊。為了紀念開朝君主「孟萊王」的功勳，這座城市便以其名中的「萊」字命名，而清萊的「清」（chiang ／ เชียง）是蘭納語的「城市」，故清萊即為「孟萊之城」的意思。

　　「清邁」意為「新城」，是後來南遷的新首都，在這 2 個地方都可見到豐富的蘭納風格建築與創作，在清萊市區有一個孟萊王雕像，清盛的金三角公園也有。對清萊人而言，孟萊王是一個像首領又像神明一樣的存在，雕像前擺滿了貢品，路過的民眾也會停下來膜拜致意。

現況發展與文化

　　近幾年在國際禁毒組織與泰國政府、泰國皇室的共同努力下，慢慢教導當地農民種植咖啡、茶葉、草莓等高經濟價值的作物，替代了對罌粟的依賴，完成農業轉型，也洗刷掉毒品重鎮的惡名。

　　走過盛世蘭納、走過金三角的風雲歲月，現在的清萊府是一個回歸平靜的世外桃源，城市規模不大但生活機能非常齊全，當地人口與外來觀光客都不算太多，跟遊客氾濫的曼谷清邁比起來，多了一份純樸與閒適。

　　清萊富有歷史悠久的蘭納古蹟、還有聞名全國的廟宇藝術創作「黑廟」跟「白廟」，廣闊的田園風光與山林村舍美不勝收，與緬甸寮國相鄰，眾多民族匯集，加上在此落地生根的國民黨孤軍後代，形成獨特的文化樣貌。

Chapter

02

行前要準備的事

想到清萊旅行，應該具備哪些知識？

行前準備的事項看似很繁複，但其實都不難，

從辦理簽證、買機票訂房、購買 sim 卡與旅費準備……

跟著書中的步驟圖解與提醒，靠自己就能輕鬆出發！

ร้านยาเชียงราย
สาขา ไนท์บาซ่าร์

辦理簽證篇
一次搞懂兩種簽證手續

什麼時候該辦理觀光簽證，何時應該申辦落地簽？辦理簽證又該注意哪些事項、準備哪些資料？跟著步驟準備就能輕鬆辦好簽證！

辦理簽證的事前準備

1 檢查護照是否仍有效
2 申辦簽證時護照的效期不得短於 6 個月
3 若護照過期或尚未持有護照必須先辦新護照
4 外交部領事事務局－國內申辦護照相關資訊：
　https://www.boca.gov.tw/np-13-1.html

申辦單次觀光簽證
（TR - Single）

　　台灣人到泰國旅遊需申辦觀光簽證，可以本人親自前往台北市松江路上的「泰國貿易經濟辦事處」辦理，或委託親友、旅行社代辦。

親自辦理

親自辦理須知			
簽證費用	簽證有效期	停留期限	申辦所需文件
新台幣1,200 元	3 個月	不超過60天	• 護照正本 (至少6個月有效期) • 身分證影本正反面一份 (未滿18歲請附戶口名簿影本) • 2吋彩色白底，頭部3.6公分～3.2公分大小，照片一張 (6個月內) • 簽證申請表格

`INFO`

🌐 https://reurl.cc/NWerx

簽證申請表
下載網址

快速申請觀光簽流程

 Step 1 填妥申請表格，備齊資料，於送件時間內盡量提早，到12樓的辦事處大廳櫃檯抽號碼牌。

 Step 2 大廳櫃檯會初步檢查資料是否齊全，以及表格填寫是否正確。

 Step 3 初步檢查沒問題即發給號碼牌。

 Step 4 大廳有電視牆顯示叫號資訊，到號後前往指定櫃檯。

 Step 5 將資料交由辦事處官員進行最終審核，通過後繳交費用，並領取收據。

Step 6 於「次一個工作天」的下午領件時間憑收據領回護照。

請親友代辦

　　除了申請觀光簽證所需的資料外，另外還要由委託人與被委託人共同填寫一份「委託書」，並請被委託人備妥身分證明文件。

INFO

🌐 https://reurl.cc/68zyO

委託書
下載網址

POWER OF ATTORNEY

(委託書)

I (Mr./Mrs./Miss) .... the undersigned,
本人(先生/女士/小姐)

Holding passport No. ...., authorize Mr./Mrs./Miss ....
持有護照編號字第　　　　　授權予　先生/女士/小姐

..................................., identification No. ....
　　　　　　　　　　　　　　國民身份證編號第

to apply the visa for me.
代替本人申請簽證

Signature of the authorize person
with his/her stamp
(委託者簽名蓋章)

Signature of the authorize person
with his/her stamp
(被委託者簽名蓋章)

The telephone number of the authorized person ( ).........................
(被委託者聯絡電話號碼)

* The authorized person must bring up with his original identification.
(附上被委託者之國民身份證正本)

請旅行社代辦

對住在台北以外的人來說，請旅行社代辦是最好的方法，一般旅行社代辦的費用約 1400 ~ 1500 元，工作天短則 4 天，長則 10 天以上，找旅行社代辦之前請先詢問清楚價格跟所需時間，並盡可能提前將簽證辦好，以免耽誤行程。申請表格通常旅行社會代為填寫，也不需要委託書。

旅行社代辦泰簽須知			
簽證費用	簽證有效期	停留期限	申辦所需文件
約新台幣 1,400 ~1,500元	3 個月	不超過60天	• 護照正本 (至少6個月有效期) • 身分證影本正反面一份 (未滿18歲請附戶口名簿影本) • 2吋彩色白底，頭部3.6公分～3.2公分大小，照片一張 (6個月內)

INFO

泰國貿易經濟辦事處

🏠 10491台北市中山區松江路168號12樓（近松江南京站 8 號出口） 📞 02-2581-1979
🕐 申請簽證送件時：平日下午16:00～17:00
🕐 申請簽證送件時：平日上午 9:00～11:30

申辦落地簽（Visa On Arrival）

泰國政府給予台灣民眾落地簽待遇，若在泰國停留的天數少於 15 天，可選擇申辦落地簽。

曼谷的雙機場、清邁機場、清萊機場皆可辦理落地簽，根據機場規模大小，以及旅客流量多寡，申辦的程序繁簡也略有差異，曼谷的兩個機場規模較大，流程比較多，清邁跟清萊機場規模較小，幾乎所有流程都在同一個櫃台完成。

落地簽申請表格
下載網址

申辦落地簽須知		
簽證費用	停留期限	申辦所需文件
泰幣2,000 銖	15天內	• 護照正本 (至少6個月有效期) • 4×6公分照片一張（6個月內） • 15天內已確認機位之回程機票（建議印出紙本），於出境國機場櫃檯就會先查驗。 • 在泰國停留期間每一天的住宿訂房證明（建議印出紙本）。 • 泰國入境卡（詳情請見第44頁） • 個人需隨身攜有泰幣10,000 銖，一個家庭需攜有泰幣20,000 銖，或等值外幣。 • 必須填在泰國可以驗證的地址。

快速申請觀光簽流程

Step 1 下飛機後沿著指標找到「Visa on Arrival」的申辦處。

Step 2 索取落地簽申請表格，以英文填妥（建議自備筆），或者可以先上網下載表格，於出發前填好，節省時間。
表格下載網址：https://reurl.cc/68Apb

Step 3 將申請表連同其他資料送審（隨身現金的部分，以抽查方式檢驗，若移民局官員沒有要求就不需主動出示）。

Step 4 審核通過後發放號碼牌。

Step 5 等待叫號領取護照。

申辦電子落地簽（eVOA）

　　為免遊客在機場久候，泰國移民局開放「線上申請落地簽」服務，旅客可於出發到泰國前上網申請，申請通過後將電子簽證列印出來，到達泰國機場的時候就不用再辦理落地簽，可直接帶著紙本簽證去通關。

　　電子落地簽的費用為「落地簽證費＋手續費」即 2000 銖＋ 525 銖＝ 2525 銖，但在「落地簽」免費的優惠期間，只需要付手續費即可，省時又划算。

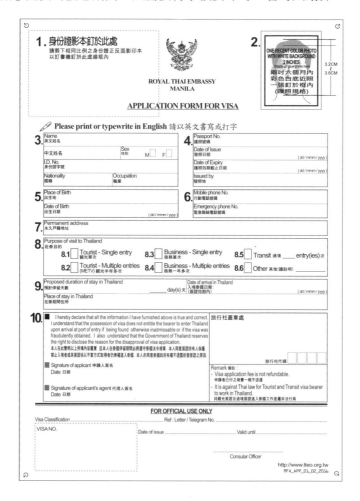

🌐 https://thailandevoa.vfsevisa.com

eVOA 網站

兩種簽證注意事項與比較

泰國政府為了刺激旅遊景氣，不定時會針對觀光簽或落地簽祭出「免簽證費」優惠政策——這裡需特別注意，此優惠僅免除「簽證費用」，但仍必須辦理簽證哦！

若針對「觀光簽」實施優惠，則政策施行期間，台北的泰國貿易經濟辦事處每天都會處於大排長龍的爆滿狀態；反之若針對「落地簽」實施優惠，則變成是泰國機場辦落地簽的人潮爆滿，耗費兩三個小時排隊辦落地簽都是時有所聞的事。

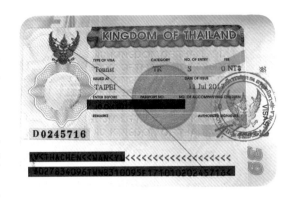

比較兩種簽證		
	觀光簽（TR - Single）	落地簽（Visa On Arrival）
停留天數	60天	15天
費用	1200台幣	2000泰銖
辦理方式	自辦、親友代辦、旅行社代辦	泰國機場親自辦理、線上申請（需另收手續費）

INFO

1. 外交部領事事務局

🌐 https://www.boca.gov.tw

2. 泰國貿易經濟辦事處

🌐 http://www.tteo.org.tw/main/zh/home

航空介紹、機票預訂篇
從選擇航空、機場到預訂機票,一次學會!

台灣與清萊沒有直飛航班,皆需要轉機或換乘交通工具才能抵達,從台灣到清萊主要有 3 種方式。在此分享轉機或轉乘交通工具該注意的事項,以及預定機票的推薦網站與流程。

台灣到清萊的 3 種方式:
1. 飛到曼谷轉泰國的國內線到清萊
2. 飛到清邁再轉長途巴士到清萊
3. 飛到香港再轉機到清萊

台灣→清邁→清萊

台灣桃園直飛清邁的航班
長榮航空、Airasia亞洲航空

台灣→曼谷→清萊

台灣直飛曼谷的航空公司列表	
傳統航空	廉價航空
中華航空(桃園-蘇汪那蓬機場) (高雄-蘇汪那蓬機場)	Nokscoot酷鳥航空 (桃園-廊曼機場)
長榮航空 (桃園-蘇汪那蓬機場)	Thai Lion Air泰國獅子航空 (桃園-廊曼機場)
Thai Airways泰國航空 (桃園-蘇汪那蓬機場)	台灣虎航 (桃園-廊曼機場)
ThaiSmile泰國微笑航空 (高雄-蘇汪那蓬機場)	Vietjet Air泰越捷航空 (台中-蘇汪那蓬機場)

曼谷轉機時要分清楚哪一個機場

曼谷有 2 個機場，一個是新的，主要供傳統航空公司起降的蘇汪那蓬機場（Suvarnabhumi Airport，機場代號 BKK）；另外一個是舊的，現在專供廉價航空起降的廊曼機場（Don Mueang Airport，機場代號 DMK）。

不過也有少數廉價航空會以蘇汪那蓬為基地，於曼谷進行轉機的時候要注意是在哪個機場，才不會跑錯地方。

曼谷到清萊的國內線航班	
蘇汪那蓬機場	廊曼機場
Thai Airways泰國航空	Thai Lion Air泰國獅子航空
ThaiSmile泰國微笑航空	Nok Air皇雀航空
Vietjet Air泰越捷航空	
Bangkok Airways曼谷航空	Airasia亞洲航空

台灣→香港→清萊

清萊機場的國際航線主要飛往中國，若要進行跨國旅遊可以多加利用，其中「香港快運航空，（清萊－香港）」航線也是台灣旅客可以善用的轉機路線，如果飛到香港再轉搭此航線到清萊，總飛行時數會短一點，惟香港快運的航班時有變動，飛清萊的航班也不是每天都有，行程銜接的彈性較小。

另外，以下也提供其他國際航線的航空資訊。

清萊機場的其他國際航線	
首都航空	（清萊－海口）
海南航空	（清萊－深圳）
瑞麗航空	（清萊－西雙版納）
中國東方航空	（清萊－昆明）
香港快運航空	（清萊－香港）

利用skyscanner預訂機票

　　所有航空公司的機票皆可透過官網或當地旅行社預訂，不過若想找到最便宜的價格，可以先上全球機票搜尋引擎「skyscanner」查詢，除了可以一次瀏覽所選日期的航班時間跟票價，skyscanner 還會列出不同經銷商的價格，有時候旅行社或代購網站的票還會比官網更便宜。

Skyscanner使用步驟

Step 1　選好出發地與目的地、日期，以及人數，按下「搜尋航班」。

Step 2　綜合評估航班的時間與價格，選擇最適合自己的。

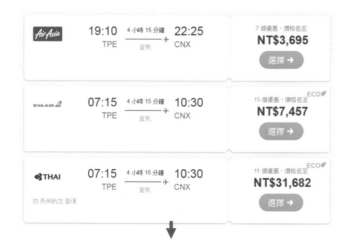

Step 3　網站將列出所有價格來源，選擇最優惠來源。

Step 4　跳轉到該網站繼續進行訂票。

![skyscanner]

🛈 亞洲航空官網 的更新：此價格已經增加 NT$172

NT$3,866

![Air Asia]

★ ★ ★ ★ ★ 2733

繼續 →

INFO
🌐 https://www.skyscanner.com

準備旅費篇
該怎麼換？去哪換？

台灣目前能夠兌換泰銖現鈔的銀行有 3 家，除了台灣的台灣銀行、兆豐銀行，還有泰國的盤谷銀行。各家的匯率略有不同，兌換前可先比較。盤谷銀行的據點很少，而台灣銀行跟兆豐銀行在桃園機場都有櫃檯，如果沒有時間前往分行兌換可以直接在台灣的機場換錢。

　　在泰國的曼谷、清邁、清萊等機場也都有銀行櫃檯提供現鈔兌換，只不過泰國機場的台幣匯率非常差，不建議在泰國機場換泰銖，反而市區內許多換錢所的匯率比台灣還要好。

　　建議先在台灣的銀行換一點，其他可以帶著台幣到泰國之後要用多少換多少。清萊市區有 2 家「super rich」匯率比台灣好，其中一家就在車站旁邊，非常方便。

　　泰銖的紙鈔面額有 1000、500、100、50、20，硬幣的面額有 10、5、2、1、0.5、0.25。其中 0.5 與 0.25 的流通率很低，通常只有便利商店跟超市的定價才會出現小數點，一般商家不會。

泰銖 1000

泰銖 500

泰銖 100

泰銖 50

泰銖 20

INFO

1. 車站店 Super rich

⌂ 209-210 18 Prasopsook Rd, Tambon Wiang, Amphoe Mueang Chiang Rai, Chang Wat Chiang Rai 57000泰國

🕐 週一至週日08:30～18:00

2. Thanalai店 Super rich

SUPER RICH EXCHANGE 25/05/2019					
Country	Currency	Buying Rate	Country	Currency	Buying Ra
	USD 100	31.60		CAD	23.35
	USD 50	31.60		NZD	20.50
	USD 20-10	31.30		MYR	7.50
	USD 5-1	31.00		NUK	3.55
	GBP	40.15		DKK	4.67
	SCOTLAND	39.50		SEK	3.23
	EUR	35.35		CNY	4.51
	CHF	31.45		HKD	3.98
	JPY	.2880		KRW	0.0263
	AUD	21.65		INR	0.3500
	SGD	22.80		ID(:1000)	2.10
	TWD	1.020		VND (:1000)	1.25
	AED	8.45		ZAR	2.05

⌂ 173/3 Thanalai, Tambon Wiang, Amphoe Mueang Chiang Rai, Chang Wat Chiang Rai 57000泰國

📞 +66-53-711-889 🕐 週一至週日08:30～18:00

購買手機sim卡篇
帶著行動網路一起旅行

出國在外不太可能等回到飯店才使用免費 Wi-Fi，因此還是得事先購買好網路才方便，但是在泰國使用的 sim 卡可以在哪些地方買？需要注意什麼？事先得準備什麼資料？底下統統整理給你！

出國前透過購物網站購買

在台灣透過各大購物網站就能買到泰國的上網 sim 卡，有不同的天數跟流量可選擇，價錢也不盡相同，讀者可以依自己的需求去選購。

台灣實體門市購買──
遠傳遠遊卡

國內的遠傳電信公司也有出一款讓國人出國使用的 sim 卡（「遠遊卡」），其中「東南亞 8 日卡」可在泰國、香港、澳門、新加坡、馬來西亞、越南、印尼、菲律賓、柬埔寨、寮國等 10 個地區使用，售價是台幣 299 元，8 日內無限上網，在遠傳門市與台灣的便利商店、桃園機場均有出售。

在泰國機場購買

要是出國前忘了購買 sim 卡也沒關係，曼谷、清邁、清萊機場都有電信公司的櫃台，只要挑選好適合自己的方案，把手機交給櫃員，他們會幫忙設定好，手機拿回來即可直接使用。

在泰國7-11購買

另外泰國 7-11 也有在賣 TrueMove 電信公司專為外國觀光客打造的「泰國遊客卡 Tourist Sim」，直接跟 7-11 店員說要買 sim 卡，店員會拿出不同天數方案的卡供選擇，雖然不會像機場電信

公司的櫃員那樣幫客人設定，但隨卡附贈的指南手冊上都有中文。

　　另外，在泰國當地購買 sim 卡皆需出示護照，sim 卡額度用完後都可以在 7-11 或特定商店進行儲值。

sim卡購買處與品質、價格大評比

購買處	網路上	遠傳門市、台灣便利商店、桃園機場	泰國機場	泰國7-11
卡片類型	很多都是中國的電信公司在泰國開啟漫遊。	遠遊卡，香港的「中國聯通」公司在泰國開啟漫遊。	泰國當地電信公司（AIS、TrueMove、dtac）	泰國當地電信公司（TrueMove）
連線品質	較不穩定	較不穩定	穩定	穩定
價格	一個星期吃到飽方案約300台幣	8天299台幣	一個星期吃到飽方案約300台幣	一個星期吃到飽方案約300台幣
加值	不可	不可	可	可
優點	出國前就可以先買好	台灣的實體門市也買得到	只要把手機交給櫃員，就會負責設定到好，一到機場就有網路可用	最小額可以49泰銖購買1日方案卡，隨後在7-11挑選更多彈性加值方案，如「1.5G／30天／199泰銖」，適合低度使用的長途旅行者
缺點	賣家眾多，低價競爭，品質參差不齊	透過漫遊連線，品質不穩	價格稍微貴一點	要到市區之後才有行動網路可以用

預先訂房篇
跟著步驟，輕鬆搞懂如何訂房

清萊的住宿選擇很多，有平價的背包客棧、青年旅館，有乾淨簡便的小旅社或風格獨特的民宿，當然也有星級度假大飯店。其中清萊市區的住宿選擇最多元，想要什麼等級的飯店都有，訂房也非常方便，所有住宿都可透過 agoda 或 booking.com 網站預定。

其他郊區及山上的熱門旅遊城鎮如美斯樂、美塞、清盛等，拜泰國觀光產業發達所賜，旅宿選擇一樣很多，不過星級的高檔飯店就比較少，然而大部分依然可以透過網站預先訂房。

惟獨後續章節會介紹到的阿卡咖啡村磐禧村、磐明村，以及帕黨山、指天山國家公園等地，由於長期以來都是泰國本國遊客自駕的熱門景點，少有外國人，當地旅宿業者通常不會上國際訂房網登錄，多以電話預訂為主。針對這些無法上訂房網預定的旅遊景點，本書會在推薦的住宿下方提供業者的 FB 或 Line 官方帳號，以便海外的房客預先訂房。

訂房網的使用步驟說明

Step 1 填入目的地、入住日期、退房日期、人數，然後搜索。

Step 2 網站會列出該期間仍有空房的飯店，可透過「篩選條件」功能聚焦到符合自己需求的飯店，飯店的好壞亦可從住客評分的部分去了解，若總分以10分來講，8分以上的都很不錯。

Step 3 確認飯店的付款方式與住宿條件，選擇房數。

Step 4 填寫房客基本資料。

Step 5 確認總價是否正確。

	只限今天 - 下殺3折
原始價格 (1間房 x 1晚)	NT$ ~~214.39~~
折扣碼優惠	NT$ -36.45
總金額 (1間房 x 1晚)	NT$ 177.94
訂房手續費	免費
總金額 ⓘ	**NT$ 209.43**
已含 服務費 10%, 稅金 7%	

價格保證！買貴退差價 ⓘ

賺到了！這次訂房你省下NT$ 36.45

Step 6 填寫付款內容。

Step 7 訂房完成，記下訂單編號，往後若有任何問題要連絡訂房網的客服，或與飯店方溝通，都以此單號為依據。另外到個人信箱確認是否已收到訂房網發來的預訂確認函，若沒有需去電詢問。

預訂成功，訂單已經獲得確認！

訂單編號： 369111789

如果有任何變更需求，可以在Agoda網站上的自助服務專區自行修改訂單。

管理預訂

清萊市區住宿推薦篇
輕鬆找到最合適的旅店

清萊的住宿價格很便宜，以青年旅館來說單人床位的價格在 150 ～ 300 泰銖之間；環境乾淨、設備齊全的二、三星旅館，雙人房價格約 500 ～ 1000 銖；有設計感的高級民宿的話就再貴一些，一個晚上約 1000 ～ 2000 銖，而五星級飯店大部分則在 3000 ～ 5000 銖之間。

① Connect Hostel ② PAH Hotel ③ Mercy Hostel

Spinomad Hostel
設備齊全、附早餐的膠囊旅館

　　位在清萊主街上，位置非常方便的青年旅館。宿舍型床位一間一間隔起來，入口附設拉簾，就像日本的膠囊旅館一樣，享有高度隱蔽性；公共空間設計很漂亮，有舒適的沙發區、一個天井式小內院；最外面左邊是戶外公共交誼區，右邊則是以方白瓷磚打造而成的洗衣空間。整體時髦明亮，像是在歐美劇裡面看到的洗衣店場景。

　　Spinomad Hostel 尤其特別受西方遊客喜愛，臨街的戶外交誼區時常都看到許多西方房客坐在這裡聊天，住宿皆附早餐，早餐採自助式，每天早上在一樓大廳供應，菜色豐富又可以吃得很飽，簡直物超所值。唯獨某些雙人房型靠近大街，隔音不是很好，入住前需注意。

① 接待大廳
② 自助早餐
③ 二樓沙發區
④ 大門口

INFO

⌂ 596/1 praholyothin Rd. Wiang Chiang Rai district. Chiang Rai 57000

☎ +66-90-328-1166　$ 台幣300起（淡旺季價格不同）

⌂ 房型：宿舍房、無衛浴雙人房、附衛浴雙人房

⊕ 訂房管道：Booking.com/agoda

⊕ 官方網站：https://spinomad.thailandhotels.site/

Mercy Hostel
飯店式管理的高 CP 值青年旅館

　　Mercy Hostel 是清萊數一數二受歡迎的青年旅館，有別於青年旅館總是給人狹窄擁擠的印象，Mercy Hostel 全區域建在一樓地面，占地廣大空間寬敞，所有活動區域都適得其所，臥室區、客廳、廚房、衛浴空間彼此之間的動線串聯流暢又互不干擾，唯一的小缺點是位在巷子裡，要走出來到主街才有商店。

　　房間數多，公共設施也很充足，衛浴區域男女分開，雖是青年旅館卻採飯店式管理，每天早上都有打掃阿姨從裡到外打掃得乾乾淨淨。沒有附贈早餐，不過會提供免費的咖啡、茶包，還有季節水果跟小餅乾。廚房有微波爐跟冰箱可以製作簡單的餐點，外面還附設健身房，整體 CP 值可說是清萊最高的。

① 戶外交誼廳 ② 宿舍床位 ③ 室內交誼廳

INFO

🏠 1005/22 Jetyod Rd, Wiang Subdistrict, Mueang Chiang Rai District, Chang Wat Chiang Rai 57000

📞 +66-53-711-075 $ 台幣200起（淡旺季價格不同）

🏠 房型：宿舍房、附衛浴雙人房

🌐 訂房管道：Booking.com/agoda/官網

🌐 官方網站：https://www.mercyhostelchiangrai.com/zh-tw

Connect Hostel
坐機場接駁巴士就能直達

　　如果不仔細看的話，路過 Connect Hostel 的時候，可能會以為這是一間高檔咖啡廳，整棟建築物重新翻修，一、二樓臨街的這面整個改裝成玻璃牆，從外面可以很清楚地看到整個大廳空間，雖是背包客棧，外觀卻具有高級精品旅館的氣派。

　　門口有停車位，旅館亦備有免費單車。廚房提供咖啡茶包跟小點心，員工服務態度親切，樂於幫房客解決問題，有旅遊上的疑問也都可以問他們。宿舍房的衛浴設備設在房間內，盥洗不需要再走出房間。另外機場到市區的接駁巴士在 Connect Hostel 門口也設有一個站，從機場搭巴士過來可直接在旅館門前下車。

① 四人房宿舍
② 明亮的門面

INFO

⌂ 935/20 Phaholyothin Rd, Tambon Wiang, Amphoe Mueang Chiang Rai, Chang Wat Chiang Rai 57000

☎ +66-53-711-672　$ 台幣185元起（淡旺季價格不同）

⌂ 房型：宿舍房、附衛浴雙人房

⊕ 訂房管道：Booking.com/agoda

⊕ 粉絲專頁：https://www.facebook.com/connecthostel/

Na Rak O Resort
體驗自己做早餐的超可愛旅館

　　從裡到外、從大門面到小細節都讓人忍不住頻頻驚呼：「好可愛呀！」的旅館 Na Rak O（น่ารักอะ），其泰文原文就是「超可愛」的意思。整體用色風格熱情繽紛，非常符合泰國的民情，但在色度選擇上多偏向無負擔的清爽色系，因此儘管色彩眾多，卻非常地諧和，讓人毫無壓迫感。

　　Na Rak O Resort 屬於中階的旅館，房間大小適中，打掃得很乾淨，一樓前庭有寬闊的停車空間，住宿附贈早餐，不過比較特別的是早餐要自己動手做，每天早餐時間樓下的廚房會開放給房客使用，裡面鍋碗瓢盆跟調味料一應俱全，備有吐司、雞蛋、果醬、當令水果等簡單的材料。

　　旅館位在巷子裡，鬧中取靜。隔壁是另外一間評比也很高的乾淨平價旅館「Grandma Kaew House」，他們有摩托車出租。

旅館入口

INFO

⌂ 56 Sanpanard Soi 2/1, Wiang Subdistrict, Mueang Chiang Rai District, Chang Wat Chiang Rai 57000

☎ +66-81-951-7801　$ 台幣700起（淡旺季價格不同）

⌂ 房型：雙人房、雙床房、3人房

⊕ 訂房管道：Booking.com/agoda

⊕ 粉絲專頁：https://www.facebook.com/narakoresort/

Sleepy House
交通便捷的質感精品飯店

　　一樣是位在巷子裡的 Sleepy House，位置非常方便，稍微走一段路就可以出來到大街，清萊巴士站跟 7-11 都在附近，但巷子裡又很安靜，住宿品質佳。房間數不多，整體建築大致呈現ㄇ字型，房間圍著中庭，客房與客房之間不會互相對視，享有足夠的獨立空間。

　　Sleepy House 規模小，但卻非常精巧，是一間非常有質感的小型精品飯店。落成沒幾年，家具跟設計都很新穎，房間大量採用木頭跟水泥粉光元素，營造出一種溫馨的簡約工業風。室內空間寬敞，凡住宿都有附贈豐盛的早餐。在入口處有個小亭子，是半開放的戶外餐廳兼茶水間，天氣熱不想出門的時候，坐在這裡喝杯飲料，看著小巷子裡路過的行人，也是很不錯的休閒。

① 雙人房 ② 明亮的衛浴 ③ 貓咪 logo ④ 大房型 ⑤ 一樓入口

INFO

⌂ 90/5 Ratchayothin Soi 2/5 Rop Wiang Sub-district, Amphoe Mueang Chiang Rai, Chang Wat Chiang Rai 57000

☎ +66-64-114-9919　$ 台幣1120起（淡旺季價格不同）

🏠 房型：雙人房、雙床房、3人房

🌐 訂房管道：Booking.com/agoda

🌐 粉絲專頁：https://www.facebook.com/sleepyhouse.cr

PAH Hotel
生活機能佳又整潔的高品質旅館

　　2018 年全新落成的 PAH Hotel，是清萊市區內一間位置方便、質感又好的中高階飯店，離清萊鐘樓很近，走出飯店附近就有便利商店、路邊攤、小吃店、藥局、伴手禮店，離週六步行街夜市也超近，走路一分鐘就可以到達，生活機能極佳。

　　飯店員工熱情親切，提供許多貼心服務，若提前預約時間可以免費機場接送，並且房間內小吧檯的零食跟飲料也都是免費的。前庭有個游泳池，房內有浴缸，整潔的部分也做得很好，雖然房價比起其他便宜的旅館高了一點，但以服務內容跟設備品質來講依然很超值。

① 一樓游泳池
② 四人房
③ 房間走廊
④ 部分房型附有浴缸
⑤ 雙人房

INFO

⌂ 366 Trairat Rd, Tambon Wiang, amphoe muang, Chang Wat Chiang Rai 57000

☎ +66-81-671-7814 $ 台幣1450起（淡旺季價格不同）

🏠 房型：雙人房、雙床房、家庭4人房、6人團體房

🌐 訂房管道：Booking.com/agoda/官網 🌐 粉絲專頁：http://pahhotel.com/

清萊星級飯店
飽覽河邊美景的五星級飯店

　　清萊高級的星級飯店為了搭配河景，幾乎都蓋在市區北緣的 kok river 河岸旁邊，離市區遠，交通不便，用走的到市中心最少也要走 30 分鐘，而且晚上河岸路燈少，比較危險，有些飯店會提供往返市區的免費接駁車，但是班次少不方便，還是建議要租車。

　　雖然交通比較不方便，但是到清萊如果想要享受一個放鬆優閒的度假生活，那麼河景五星級飯店確實是很好的選擇，而且價格也比大城市便宜，雙人房大約 2000 ～ 3500 泰銖。

INFO

1. 清萊艾美酒店 Le Méridien Chiang Rai

⌂ 221 / 2 Moo 20 Kwaewai Road Tambon Robwieng, Amphur Muang Tambon Robwieng, Chiang Rai 57000

☎ +66-53-603-333　$ 台幣3180起（淡旺季價格不同）

♠ 房型：雙人房、雙床房（花園景／河景）

⊕ 訂房管道：Booking.com/agoda/官網 ⊕ 官方網站：marriott.com

2. Imperial River House Resort

⌂ 482 Moo 4, Mae Kok Road, Rim Kok Subdistrict, Mueang Chiang Rai District, Chang Wat Chiang Rai 57100

☎ +66-53-750-830　$ 台幣2160起（淡旺季價格不同）

♠ 房型：雙人房、雙床房（花園景／河景）

⊕ 訂房管道：Booking.com/agoda/官網

⊕ 官方網站：https://www.imperialriverhouse.com/

行李打包篇

出門前請列出清單,照表打勾! ☑

行前要準備的最後一步就是打包好行李,準備出去玩了!出門在外,需要帶哪些物品十分重要,而必需品帶齊了,才能玩得盡興。以下將各種物品分類、整理成一張清單,只要跟著一樣一樣收拾、打勾,就不怕東西忘記帶囉!

證件類

☐ 護照

☐ 機票或電子機票影本

☐ 駕照與國際駕照

☐ 國民身分證(某些情況可代替護照做為抵押)

☐ 訂房證明(辦理落地簽使用)

☐ 大頭照(辦理落地簽使用)

財物類

☐ 泰銖現金

☐ 信用卡

☐ 台幣現金

☐ 可跨國提款的金融卡(需至銀行開通服務)

3C產品

☐ 手機、平板 ☐ 相機 ☐ 充電線 ☐ 行動電源

個人用品

☐ 換洗衣物

☐ 鞋子、夾腳拖鞋

☐ 化妝品或保養品

☐ 太陽眼鏡

☐ 防蚊液(夏天預防登革熱)

☐ 雨具(6~10月雨季易下雨)

☐ 防曬薄外套

☐ 盥洗用品(住青年旅館需自備)

☐ 個人藥物

☐ 隱形眼鏡及沖洗液

Chapter

03 抵達清萊後

到了機場之後，該怎麼入境？

又該如何選擇交通工具代步？

別擔心，本篇從入境、機場到清萊市區、

當地交通等資訊都幫你整理好了，

只要照著步驟 Step by step 填寫入境卡，

就能順利通關，在當地旅行也能暢行無阻。

跟著步驟輕鬆入境
該填什麼？該注意什麼？

許多人每次到機場對入境、出境都會產生混淆、不知所措，現在只要跟著程序 step by step，你也能輕鬆完成入境手續！

泰國出入境卡填寫教學

　　每位入境泰國的旅客都必須填寫入境卡，在飛機上空服員會先發放，如果沒拿到的話，到了機場的護照查驗處也可以索取並當場填寫。入境卡在右方，需填寫資料較多且篇幅大，提供海關查驗所需詳細資料；出境卡在左方，需填寫資料較少且篇幅小，方便釘在護照內，入境卡皆須以英文填寫。

入境卡（正面右方）

　　入境卡（正面右方）填寫說明：正面的入境卡資料除簽名外，全數應以英文填寫，應依據護照、簽證、登機證上的資料填寫。

出境卡　　　　　　　　　　　　入境卡

1	Family Name（姓氏）：同護照的英文資料。
2	First Name & Middle Name（名字）：同護照的英文資料。
3	Gender（性別）：Male（男性）／Female（女性）：勾選性別。
4	Nationality（國籍）：同護照英文資料，也可寫TAIWAN。
5	Passport No.（護照號碼）：同護照內頁。
6	Date of Birth（出生日期）：依序填寫出生日（dd）、月（mm）、西元年（yyyy）
7	Flight or Other Vehicle No.（抵達班機號碼）：同登機證資料。
8	Visa No.（簽證號碼）：同泰國簽證左下方的英文+數字資料。
9	Occupation（職業）：以英文填寫職業，例如：Sales（業務）／Student（學生）／Soho（自由業）／Housekeeper（家管）。
10	Country Where You Boarded（出發國家）：在哪個國家登機。
11	Purpose of Visit（訪問目的）：可參考背面選項。
12	Length of Stay（停留天數）：預計在泰國停留的天數。
13	Residence（居留地）：City／State（居住城市）‧Country of Residence（居住國家）。
14	Address in Thailand（泰國居留地址）：填寫任一家飯店的完整英文地址，不可僅填寫飯店名稱。
15	Contact Info（聯絡方式）：Telephone（聯絡電話）‧Email（聯繫電子郵件）。
16	Signature（簽名）：親筆簽名，中英文皆可，建議填寫英文。

出境卡（正面左方）

出境卡（左方）填寫說明：正面的出境卡填寫基本資料，紙張篇幅小，若海關人員沒釘在護照內頁，得自行釘在內頁，妥善保管。

17	Family Name（姓氏）：同護照的英文資料。
18	First Name & Middle Name（名字）：同護照的英文資料。
19	Date of Birth（出生日期）：依序填寫出生日（dd）、月（mm）、西元年（yyyy）
20	Passport No.（護照號碼）：同護照內頁。
21	Nationality（國籍）：同護照英文資料，也可寫TAIWAN。
22	Flight or Other Vehicle No.（回程班機號碼）：同機位預訂資料。
23	Signature（簽名）：親筆簽名，中英文皆可，建議填寫英文。

入境泰國流程

Step 1 下飛機跟著指標到「入境護照檢查（Passport Control）」處。

↓

Step 2 備妥護照（脫去護照套）、寫好的入境卡、登機證，在外國人窗口排隊。

↓

Step 3 檢查時會拍臉部，壓10指的指紋，指紋機上有中文步驟説明。

↓

Step 4 查驗通過，妥善保管入境卡的附聯，入境泰國。

↓

Step 5 前往行李轉盤領托運行李。

從機場前往清萊市區
準備開始清萊的旅程

到了機場後，不知道該到哪裡搭車到市區？或是想了解機場是哪3種交通可以選擇？以下從交通方式、搭車方向指引等，整理出完整資訊供您參考。

清萊機場到清萊市區

搭乘市區接駁公車

　　2018年清萊政府終於開始運營從清萊機場到市區的接駁巴士，起點是機場，終點站是清萊第二巴士站（Chiang Rai bus terminal 2），中間會經過清萊第一巴士站（Chiang Rai bus terminal 1），這是清萊最主要的巴士站，其所在位置即市中心，大部分的遊客都是在這站下車。

　　從清萊機場出來後隨處可以看見接駁公車的指引告示牌，同時也標註了中文，資訊清楚馬上就可以找到。

　　接駁車資單趟20銖，車上有冷氣，車體嶄新乾淨，班次也很頻繁，是前往市區最經濟實惠的方式。司機的旁邊有個錢盒，乘客自行投錢，盡量準備剛好的面額。

　　回程的搭車處在清萊第一巴士站 (Chiang Rai bus terminal 1) 的　號月台，從第二巴士站發車，約十分鐘會到第一巴士站，可直接按照發車時間去等車，以免錯過班次。

INFO

清萊第一巴士站（ChiangRai bus Terminal 1）

地址

清萊接駁臉書

⌂ Bus Terminal 1, Tambon Wiang, Amphoe Mueang Chiang Rai, Chang Wat Chiang Rai 57000泰國
⊕ 最新班次時間表以接駁巴士臉書粉絲團公告為主：
　https://www.facebook.com/CRCITYBUS/

計程車

　　機場的計程車站在 3 號出口外面，如果目的地不在接駁公車的行駛路線內，或已經超出市區範圍的話，計程車就是一個很好的選擇。直接跟櫃台人員說明目的地，櫃台便會報價跟安排計程車。

租車自駕

　　想要自駕旅遊的讀者須先準備好國際駕照，建議連台灣的駕照也帶著。在清萊機場有很多租車公司，讀者可透過 rental cars 與 zuzuche 等網站預定好車輛之後，直接在機場取車，並可根據旅程安排及該公司的據點分布，選擇是否 B 地還車。
◎ 需特別注意泰國為右駕國家，行車路線與台灣相反，另外建議加購保險，以防意外事故發生。

清邁轉乘巴士到清萊市區

　　清邁與清萊之間每天都有數班長途巴士頻繁往來，若是搭飛機到清邁再轉車至清萊的話，要到清邁的巴士總站搭車（ChiangMai bus Terminal 3）。清邁與清萊之間的車程約 3 ～ 4 個小時，平常日現場即可買到票，週末與例假日往返的乘客很多，建議提前購票避免沒有位置。

　　這條路線由 GreenBus 公司運營，乘客亦可透過官網，以及 ios、android 的「Greenbus」app 線上訂票，總共有 3 個等級的車票。

車票資訊

票種	價格	服務	廁所
V-CLASS	280銖	礦泉水、小點心	O
X-CLASS	180銖	礦泉水	O
A-CLASS	140銖	X	X

註：票價若有異動，以官方訂價為主

清邁到清萊班車時刻表

票種	發車時間							
V-CLASS	06:45	08:15	08:45	10:30	12:15	13:00	14:45	15:45
	17:15	18:00						
X-CLASS	07:15	08:45	09:45	10:00	11:00	11:30	14:15	15:00
	16:00	17:00	18:30	19:00				
A-CLASS	09:15		12:30		17:30			

註:「粉色」班次僅限週五、週日,「藍色」班次僅限週一、週四、週六,班次若有異動,以官網公布為主

清萊到清邁班車時刻表

票種	發車時間							
V-CLASS	07:35	09:15	11:15	12:00	12:45	15:30	17:00	18:00
	17:45							
X-CLASS	08:15	09:45	10:15	12:00	13:45	14:15	15:00	16:00
	16:30	17:30	18:45	19:30				
A-CLASS	06:15		13:15		17:15			

註:「粉色」班次僅限週五、週日,「藍色」班次僅限週一、週四、週六,班次若有異動,以官網公布為主

INFO

清邁巴士總站(ChiangMai bus Terminal 3)

⌂ 65, Soi 5, Kaeonawarat Road, Tambon Wat Ket, Amphoe Mueang Chiang Mai, 50000, Tambon Wat Ket, Amphoe Mueang Chiang Mai, Chang Wat Chiang Mai 50000泰國

🌐 https://reurl.cc/QrLK5

清萊-清邁(166 線路)
票價與時刻表資訊頁面

🌐 http://www.greenbusthailand.com/website/

GreenBus 官方網站

清萊當地交通
使用合適的交通工具玩遍清萊

到清萊旅行一定要先搞懂當地的交通，在清萊有許多交通工具可以選擇，無論是自行騎車、抑或是搭乘大眾運輸，一定能找到最適合自己的移動方式！

租機車

在清萊旅遊最適當的交通方式就是租機車，因為這裡的旅遊型態類似於台灣的墾丁或花東，自然環境優美、幅員廣大，景點與景點之間的距離若以步行串聯會顯得吃力，所以租機車是最好的移動方式。

在清萊市區租機車非常容易，街上到處都是機車出租店，幾乎所有的旅館都可以代租機車，價格也不會比店家貴，依照大小不同，一天的價格落在 200～250 銖之間，少數機車行甚至低至 150 銖。

在泰國租機車不會要求駕照，但若想謹慎一點，亦可備好國際駕照。雖然不要求駕照，不過需要抵押，抵押方式有 2 種，客人可以自行選擇：一種是護照，一種是押金，押金的價格約 3000 銖，有些店家會要求若是選擇押金需搭配本國身分證。

另外，如果準備騎車上山區的話可以先跟店家說明，請他們提供狀態跟馬力好一點的摩托車。

租腳踏車

　　租車價格比機車便宜，適合市區內近距離移動。而在金三角的清盛市區，由於範圍小小的，車流量也不大，地勢又平坦，是一個很適合騎腳踏車的地方，很多旅館都會免費提供腳踏車。

雙條車

　　清萊市區的雙條車是藍色的，這種車會在街上到處跑，隨招隨停，一車可多人共乘，跟司機說明目的地，如果剛好順路的話就可以上車，清萊市區內的範圍單程車資為 20 銖。美塞市區也有不少雙條車，顏色則為紅色，這種雙條車結合了多人共乘的公車性質，以及隨招隨停的計程車性質，是泰國獨特的交通工具。

嘟嘟車

　　消費型態近似計程車，在清萊夜市門口有乘車站，許多嘟嘟會聚集在此攬客，以 CP 值來講並沒有比較高，但由於其獨特性與代表性，讓嘟嘟車始終是非常受外國遊客歡迎的交通工具。

① 外縣市公車 ② 計程車 ③ 第一巴士站的壁畫

跨縣市公車

　　市中心的清萊第一巴士站有許多條公車路線可以通往清萊府其他的鄉鎮，包括美斯樂、美塞、清盛等熱門旅遊目的地都可以透過公車到達，從清萊市區到這些地方單程約 2 小時車程，若騎機車往返太過費力，搭公車過去再到當地租機車的旅遊方式比較不會太累。

Grab

　　Grab 是東南亞最大的共享乘車軟體，其概念與操作方式跟 Uber 如出一轍，在清萊市區有許多 Grab 司機，只要下載 app 即可開始叫車。Grab 的車資比一般計程車便宜一點，但沒有太大的差距，不過好處是可以利用 app 定位上下車地點，即便在沒有車流經過的小巷裡也可以叫車，而且不用怕告知目的地的時候會有語言溝通不良的問題。

計程車

　　清萊市區的計程車很多，不過都不跳表，採議價方式。

包車

　　如果人數多的話包車是很不錯的交通選擇，清萊街上有許多旅行社，都有提供包車服務，不過價格浮動大，可多詢問幾家比價之後再決定。

實用旅遊資訊補給站
讓你更能自在地玩清萊

到清萊除了需要準備的事情外，到山區旅遊還有哪些注意須知呢？從詳細的氣候介紹，到當地的生活、宗教文化，通通報給你知！

氣候

清萊一整年的天氣類型分為 3 種：

乾季（3 月～ 5 月），氣溫由低升高，降雨量少，處於休耕期，山區焚燒作梗導致空氣汙染非常嚴重，不建議於此期間去旅遊。

雨季（6 月～ 10 月），從 6 月份開始，降雨的情形會越來越頻繁，雨量最大的時候落在 7、8、9 這 3 個月份，這段期間多數為陰天，雲層很厚，降雨時有空檔，不至於到無法旅遊的情況，但夜市與步行街常會因雨而休息。

冬季（11 月～ 2 月），降雨量少，空氣乾淨，天色呈現非常漂亮的湛藍。平地市區全天氣溫舒爽，山區晨昏寒冷，是最適合旅遊的旺季，這段期間的遊客很多，住宿最好提前預訂，如果要到山區旅遊，需準備足夠的保暖衣物。

山區旅遊注意事項

到山區遊玩因機能與市區比起來較不方便，所以人身安全與健康方面要多加注意。

自備藥物

山上的商店不像山下這麼齊全，如果擔心會有緊急的發燒、感冒或腸胃不適等情況發生，應先準備好相關藥物，如果來不及從台灣買，清萊市區有很多藥局，也可以在當地購買。

提早出門

若計劃搭乘大眾交通去山上的景點，多需要轉車，而且上山的班次收班得早，入夜之後在山裡移動也不方便，請盡量搭乘早一點的班車出發。

其他旅遊資訊

小額泰銖

　　泰北山區的物價低廉，尤其市場攤販交易額都很小，拿千元大鈔出來他們不是找不開，就是不願意找，所以身上最好時常保有一些小額現金，如果想把 1000 銖找開，去 7-11 或超市就沒問題了。

小費

　　泰國有給小費的習慣，常見需要給小費的場合是按摩，跟高級飯店的客房服務。如果按摩之後覺得按得很好，可以另給按摩師 20 泰銖小費以示感謝（勿給銅板以示禮貌），高級飯店的客房服務也是 20 銖就可以了。

行車左右相反

　　泰國是右駕國家，騎車或開車請特別小心。

騎車戴安全帽

　　警察大部分時間都不會出來取締，但萬一運氣不好被抓到沒戴安全帽的話，可能會因為是外國人的關係，被要求不合理的罰金，因此只要守法就沒問題。

女性勿近僧侶

　　不管是搭車或在路上錯身而過，女性朋友記得要與僧侶保持距離，不要有肢體上的接觸。

入寺衣著整齊

參觀寺廟勿著無袖上衣或短褲，如果真的忘記的話，大部分主要的寺廟都有提供大寬巾，可主動詢問。

電壓與插頭

泰國電壓220V，與台灣不同，除了電子產品外，其他台灣的電器需要經過變壓才能在泰國使用。不過雖然電壓不同，插座孔是符合的，不需要另帶轉接頭。

旅行社

清萊街上有很多小旅行社，販售各種票券跟景點套餐。如果旅遊時間不長，想一天走完所有郊區景點的話，可以到各家旅行社比較內容跟價格。另外，清萊市區的旅館幾乎都兼有旅行社的功能，他們會代理其他業者的產品，包山包海甚麼都有賣，直接跟旅館買會比較方便，有時候價錢也不會比較貴，可以比較看看。

檢查站

為杜絕偷渡與走私，泰國邊境省份常設有檢查站，如遇檢查，出示護照即可。

駐泰辦事處

若國人在泰國遇到重大的緊急事件，可直接跟台灣的駐泰國辦事處連繫。

INFO

⌂ Empire Tower, S Sathorn Rd, Khwaeng Yan Nawa, Khet Sathon, Krung Thep Maha Nakhon 10120泰國

☎ +66-2-199-3555 ⏱ 週一至週五09:00～11:30、13:30～17:30

跟著精采行程，玩最有趣的清萊

5天、7天、10天行程都好玩！

清萊當地有產地咖啡館、經典必訪的人文建築、多樣化美食與體驗課程，周邊有更多十分特別的地區值得一逛：美斯樂、美塞、清盛等，這裡提供精采的行程規劃，讓你在 5 天、7 天內玩到重點，較長的 10 天假期又能玩得自在又滿足！

放鬆體驗在地人5日遊

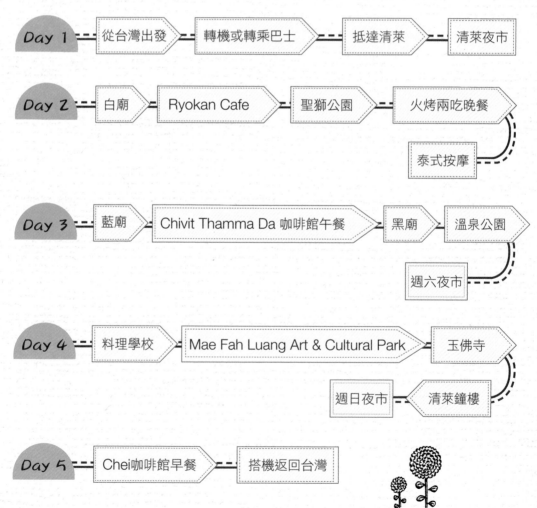

Day 1 ── 從台灣出發 〉轉機或轉乘巴士 〉抵達清萊 ── 清萊夜市

Day 2 ── 白廟 〉Ryokan Cafe 〉聖獅公園 〉火烤兩吃晚餐 ⟩ 泰式按摩

Day 3 ── 藍廟 〉Chivit Thamma Da 咖啡館午餐 〉黑廟 〉溫泉公園 ⟩ 週六夜市

Day 4 ── 料理學校 〉Mae Fah Luang Art & Cultural Park 〉玉佛寺 ⟩ 週日夜市 ── 清萊鐘樓

Day 5 ── Chei咖啡館早餐 〉搭機返回台灣

享受大自然與古建築5日遊

Day 1 從台灣出發 → 轉機或轉乘巴士 → 抵達清萊 → 清萊夜市晚餐

Day 2 大象保育營半日行程 → 白廟 → 舊機場散步慢跑 → Central Plaza購物中心

Day 3 藍廟 → 黑廟 → 少數民族村 → Doy Din Dang Pottery燒陶美術館 → 週六夜市

Day 4 象山一日遊 → 清萊鐘樓 → 週日夜市 → 泰式按摩

Day 5 Chei咖啡館早餐 → 搭機返回台灣

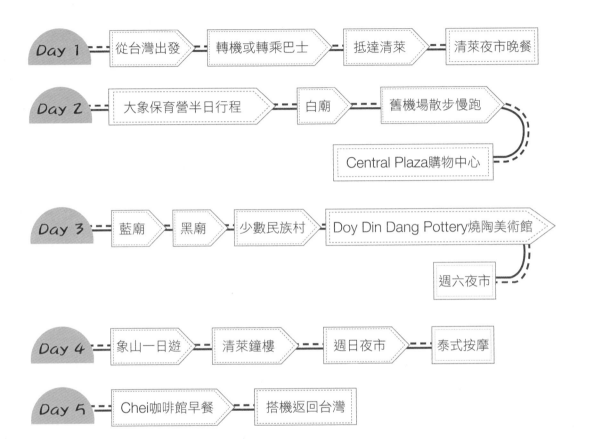

清萊、美斯樂玩透透7日遊

Day 1 — 從台灣出發 — 轉機或轉乘巴士 — 抵達清萊 — 清萊夜市晚餐

Day 2 — 白廟 — 聖獅公園 — Central Plaza購物中心 — 泰式按摩

Day 3 — 藍廟 — 黑廟 — 溫泉公園 — 清萊鐘樓 — 酒吧小酌

Day 4 — 翠峰茶園 — 美斯樂 — 在美斯樂住一晚

Day 5 — 美斯樂市場 — 美斯樂佛寺 — 泰北義民文史館 — 興華中學 — 段將軍陵園 — 回清萊市區 — 週六夜市

Day 6 — Mae Fah Luang Art & Cultural Park — 清萊觀音寺 — Sawanbondin Farm & Home Stay下午茶 — 週日夜市 — 泰式按摩

Day 7 — Chei咖啡館早餐 — 搭機返回台灣

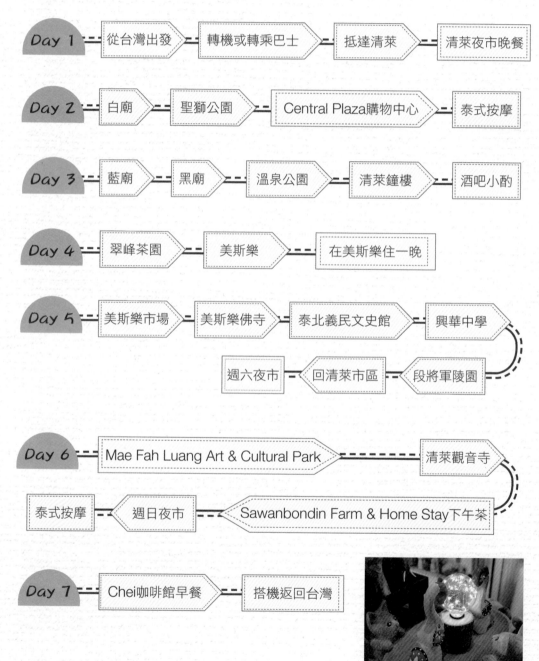

清萊、美塞玩透透7日遊

Day 1 從台灣出發 → 轉機或轉乘巴士 → 抵達清萊 → 清萊夜市晚餐

Day 2 白廟 → 聖獅公園 → Central Plaza購物中心 → 泰式按摩

Day 3 藍廟 → 黑廟 → Doy Din Dang Pottery燒陶美術館
酒吧餐廳晚餐 ← 清萊鐘樓

Day 4 翠峰茶園 → 美塞關口前市場 → 美塞週六夜市
在美塞住一晚

Day 5 磐明村 → 磐禧村 → 皇太后花園 → 睡美人山洞
在美塞住一晚 ← 美塞週日夜市

Day 6 回到清萊 → 清萊觀音寺 → Sawanbondin Farm & Home Stay下午茶
泰式按摩 ← 火烤兩吃晚餐

Day 7 Chei咖啡館早餐 → 搭機返回台灣

玩遍奇景清盛、金三角10日遊

Day 1 ═══ 從台灣出發 ═══ 轉機或轉乘巴士 ═══ 抵達清萊 ═══ 週六夜市

Day 2 ═══ 美塞 ═══ 美塞關口前市場 ═══ 美塞週日夜市 ═══

Day 3 ═══ 磐明村 ═══ 磐禧村 ═══ 皇太后花園

Day 4 ═══ 翠峰茶園 ═══ 美斯樂 ═══ 在美斯樂住一晚

Day 5 ═══ 美斯樂市場 ═══ 美斯樂佛寺 ═══ 泰北義民文史館 ═══ 興華中學 ═══

Day 6 ═══ 清盛單車漫遊 ═══ 金三角公園 ═══ 鴉片博物館 ═══

Day 7 ═══ 白廟 ═══ 聖獅公園 ═══ Central Plaza購物中心 ═══

Day 8 ═══ 藍廟 ═══ 黑廟 ═══ Doy Din Dang Pottery燒陶美術館 ═══

Day 9 ═══ Mae Fah Luang Art & Cultural Park ═══ 清萊觀音寺 ═══

Day 10 ═══ Chei咖啡館早餐 ═══ 搭機返回台灣

在美塞住一晚

在皇太后花園住一晚

段將軍陵園 ▷ 到美沾轉車去清盛 ▷ 湄公河畔晚餐 ▷ 在清盛住一晚

回到清萊市區 ▷ 泰式按摩

清萊鐘樓 ▷ 清萊夜市

週六夜市

Sawanbondin Farm & Home Stay下午茶 ▷ 週日夜市 ▷ 泰式按摩

玩遍美景帕黨、指星山看雲海10日遊

Day 1 — 從台灣出發 --- 轉機或轉乘巴士 --- 抵達清萊 --- 週六夜市

Day 2 — 白廟 --- 聖獅公園 --- Central Plaza購物中心

Day 3 — 藍廟 --- 黑廟 --- 溫泉公園 --- 清萊鐘樓

Day 4 — 清孔 --- 清孔小鎮漫遊 --- 湄公河魚料理

Day 5 — 帕黨 --- 帕黨登山步道 --- 雲南料理 --- 在帕黨住一晚

Day 6 — 看日出雲海 --- 指星山 --- 指天山 --- 回帕黨住一晚

Day 7 — 清孔 --- 回到清萊市區 --- 舊機場散步

Day 8 — 大象保育營半日行程 --- 料理學校 --- 週六夜市

Day 9 — Mae Fah Luang Art & Cultural Park --- 清萊觀音寺

Day 10 — Chei咖啡館早餐 --- 搭機返回台灣

週日夜市

清萊夜市 ▷ 泰式按摩

在清孔住一晚

火烤兩吃晚餐 ▷ 泰式按摩

Sawanbondin Farm & Home Stay下午茶 ▷ 週日夜市

Chapter

04

清萊旅行
開始在

除了必訪的經典藝術建築白廟、黑廟等，
還有許多特色產地咖啡館不可錯過。
到了晚上還能在夜市裡品嘗道地小吃，
在酒館裡享受放鬆浪漫的氣氛。
從早玩到晚的精采行程，等你來體驗。

必訪文化景點
喜愛藝術建築的人一定要來

作為蘭納王國之濫觴，同時又位處複雜的邊界地帶，清萊自古以來便是一個文化內涵相當豐富的城鎮，綿長的文化發展由古貫今。孟萊王紀念公園與 Mae Fah Luang Art & Cultural Park 所保留的蘭納記憶，是泰國北部的傣族人最驕傲的文化底蘊，著名的玉佛寺見證了遠古各國興盛衰敗的段段歷史。

走到今日，這些傳統文化都成了當代藝術家創作的能量。在泰國的藝術創作還相對保守的年代，清萊出身的 Thawan Duchanee 便以其前衛並極具開創性的風格撼動了泰國社會，他畢生的哲學與工作都展現在「黑廟」裡，這份能量也一代又一代傳承給他的徒子徒孫，於是我們看到「白廟」、「藍廟」相繼面世，市區北郊的清萊當代藝術中心常態性展出當地藝術家的作品，延續了清萊本地的藝術動能。

自然與人文是清萊最吸引人的兩大旅遊亮點，透過這些景點，旅人可以更加認識泰北的歷史與風土民情。

陽光下閃閃發光的白廟，是清萊人氣No.1的熱門景點

在大象保育園與可愛的大象互動、了解泰國保育工作的現況

清萊鐘樓 | หอนาฬิกา เชียงราย
金色地標的七彩燈光秀

① 金碧輝煌的鐘樓
② 每天晚上都有 3 場燈光秀
③ 駐足拍照的遊客

　　清萊鐘樓位在 Thanon Baanpa Pragarn 路跟 Jetyod 路交叉的圓環上，是清萊很顯著的地標，設計者是白廟的作者 Chalermchai Kositpipat，因此整體建築風格與白廟的華麗如出一轍，只不過鐘樓是金色的，Thanon Baanpa Pragarn 路上的安全島圍欄跟路燈也配合鐘樓，更改成一樣的風格。

　　每天晚上 7 點、8 點、9 點整的時候鐘樓都有 10 分鐘的燈光秀，金色的鐘樓在燈光下會產生七彩變化，搭配的歌曲也都是具有泰北風情的音樂，每晚到了燈光秀時間，就可以看到兩旁的安全島跟圓環四周都圍滿了觀賞的人潮，周邊也有許多路邊攤，晚上用餐的時候可以一邊欣賞鐘樓，氣氛很不錯。

INFO

⌂ Suk Sathit, Tambon Wiang, Amphoe Mueang Chiang Rai, Chang Wat Chiang Rai 57000

🕐 24小時　燈光秀時間：晚上7點、8點、9點整點

黑廟｜Black House｜บ้านดำ
充滿禪意與智慧的藝術創作

　　此建築並不是廟，而是泰國藝術家 Thawan Duchanee（ถวัลย์ ดัชนี）的私人住宅，他耗費數十年的時間，埋首建造了 40 棟風格各異的龐大建築群，清一色全黑的房舍裡擺滿了牛角、獸皮、骨頭、動物標本、木偶、陶器等從世界各地蒐集而來的個人珍藏品，故又有「黑屋」與「黑色博物館」的別稱。這些房子的風格都不一樣，除了蘭納建築，其中亦混合了巴利、寮國、緬甸、中國等各文化的元素，全觀地呈獻了泰國與金三角周邊的建築特色。

①

　　黑廟往往與白廟相提並論，並且總是被簡易地二分為「地獄」與「天堂」，原因不外乎「黑暗」帶給人的視覺衝擊，以及遍佈宅邸各處的動物骸骨。但事實上 Thawan Duchanee 在顏色上的選擇是受佛教文化與日本書法的影響，將紛雜的色彩簡化為黑色之後，更能凸顯隱含在作品中的概念與意圖。而動物向來是他最常運用的題材，他以大象、老虎、牛等獸類來象徵人類固有的低階特徵，例如恐懼，貪婪，欲望和自我，這些特徵都干擾著人類的精神成長。

① 3 連體交叉屋 ② 犀鳥頭屋 ③ 以各種動物骸骨進行創作 ④ 精美的木雕

① Thawan Duchanee 為自己打造的家具
② 冥想塢
③ 木雕裡的傳說動物

　　與「地獄」的意象大相逕庭，黑屋裡的藝術創作充滿著禪意的智慧與寧靜。死亡是消極的，沒有一項真正頌揚死亡的藝術作品可以令人感到衝擊，唯有透過死亡為表徵，去闡述對人世之熱情的作品才能。

INFO

⌂ 333 Moo 13, Ban Dam Museum, Nang Lae Subdistrict, Mueang Chiang Rai District 57100

☎ +66-53-776-333 ⏱ 週一至週日09:00～17:00 $ 80銖

白廟 | White Temple | วัดร่องขุ่น
獻給佛陀的白色殿堂

純白色的廟宇，讓人仿若置身天堂

　　又稱白龍寺，其創作者是華裔泰國人，同時也是 Thawan Duchanee 的學生 Chalermchai Kositpipat（中文名字許龍才）。白廟在嚴格意義上來講也不是廟，比較像是一個大型的藝術創作品，因為白廟在某些具象徵意義的結構設計上與泰國的傳統寺廟不相符，而且一般的寺廟除了有特定的活動之外，都可以讓訪客自由參拜與拍照，但白廟必須購買門票，殿堂裡面也禁止攝影，參觀主殿的時候一樣不能穿短褲。

　　受到斯里蘭卡白色寺廟的影響，許龍才選擇白色作為他的創作基底，正好與老師的黑屋形成呼應，同時由於他在建物的輪廓線條上鑲嵌了大量而精細的鏡面碎玻璃，使得白廟在太陽的照射下閃閃發亮，造成令人驚嘆的視覺衝擊。

　　白廟最讓人印象深刻的部分是主殿前的「輪迴之橋」，橋的這端有無數從地底伸出來的手，象徵著欲望與貪婪，橋的彼端則是佛寺大堂，人們若想從地獄通往天堂，

就必須不被欲望迷惑堅定往前走；因此寺廟的參觀動線是不能回頭的。

除了主殿之外，園區裡還有一間許龍才的個人畫廊，裡面收藏了大量的畫作，非常值得參觀，而白廟的興建工程也仍在繼續進行中，未來計畫還要蓋一個文物館與冥想大殿。至今為止白廟的興建經費已經超過 10 億泰銖了，許龍才接受外界捐款，但僅限小額，因為他不希望大額贊助者影響創作，對他來講，這是獻給佛陀的畢生事業。

① 華麗的金色建築其實是廁所 ② 主殿前方的欲望之池 ③ 湖畔邊 2 座精美的雕塑

① 白廟裡有各種出奇不意的創作 ② 12 生肖雕飾

INFO

🏠 Tambon Pa O Don Chai, Amphoe Mueang, Chiang Rai 57000

📞 +66-53-673-579

🕐 週一至週五8:00 ～17:00，週六、週日8:00～17:30 $ 50銖

藍廟 | Wat Rong Suea Ten | วัดร่องเสือเต้น
金藍交錯的高人氣寺廟

①

　　原名 วัดร่องเสือเต้น(Wat Rong Suea Ten)，意為「跳躍的老虎」，因為寺廟所在的位置在過去充滿了各種野生動植物，尤其有許多老虎出沒於附近的河岸邊，故而得名。

　　藍廟的建造始於 2005 年並於 2016 年落成，當時為因應附近居民禮佛參拜的需求，便在荒廢的古寺舊址上重新建造廟宇。建廟之人是白廟作者 Chalermchai Kositpipat 的學生，因此在雕塑風格跟繪畫上都可發現不少白廟的影子。

① 湛藍與金黃交織而成的藍廟 ② 主殿內莊嚴的大佛 ③ 各種神話人物也全都是藍色的

　　而藍廟最大的特色就是像黑、白廟那樣，也選擇了一個單一顏色作為創作主題，不同於黑與白的純粹，湛藍的色彩帶著一種深邃的神祕與浪漫，搭配金色屋簷，形成鮮明的對比，並增添一股神聖的貴氣。種種的特出之處，讓這座本來默默無聞的寺廟，在翻修之後成為人氣攀升的新興景點。

　　黑、白、藍這 3 座清萊名寺中，只有藍廟是真正的佛寺，附近居民會在這裡進行日常的參拜，也會有僧侶誦經，主殿內外可隨意攝影，但在殿內切勿大聲喧嘩以免打擾他人。

INFO

🏠 Moo 2 306 Maekok Rd, Tambon Rim Kok, Amphoe Mueang Chiang Rai,
Chang Wat Chiang Rai 57100

📞 +66-82-026-9038　🕐 週一至週日 08:00～19:00　💲 無

孟萊王紀念碑 | King Mengrai Monument |
อนุสาวรีย์พ่อขุนเม็งรายมหาราช
市民心中的偉業英雄

　　古代的泰國群雄割據、小國林立，在現今劃分出來的行政區裡，可能一個府就是一個國家。一千多年前，金三角地帶的「清盛」便自成「清盛王國」，孟萊王（1238年～1317年）誕生於此，他本是清盛王國第24代國王「老孟」與西雙版納公主「娃敏宗孟」所孕育的皇子，成年後繼承清盛國的王位，為第25代國王。

　　當時傣族（泰國北部的泰民族，與西雙版納的傣族系出同源）小國分散，國力普遍貧弱，不足以抵禦北方正強勢擴張的蒙古帝國（元朝），孟萊王於是逐步征服勐萊、清坎和清孔等地，一統各部族並拓展他的王國範圍。1262定都清萊，隨後建立蘭納王國，清盛王國於是併入蘭納之中，身為清盛末代國王的他，同時也成為蘭納的開國君主。

開創蘭納王國的孟萊王直到今日都受到清萊人的緬懷

　　孟萊王在位其間功績彪炳，不但擴大帝國版圖、聯合帕堯國王和素可泰國王簽訂和平條約，一同對外成功抵抗蒙古的侵略，還創建了泰北的文字「蘭納文」。

　　市區東邊的「孟萊王紀念公園」便是清萊市民緬懷這位國王的地方，公園位在大馬路旁，在孟萊王的下方擺了許多大象與馬匹的雕像，象徵他過往驍勇善戰的軍隊，而前方的供桌時常都有參拜的市民與貢品，哪怕只搭車經過，他們有時候也會合掌致意，因為在清萊人心中，孟萊王在他們心中的地位就跟神明一樣。

雕像下的馬匹象徵過往驍勇善戰的軍隊

INFO

🏠 1 Wiang, Amphoe Mueang Chiang Rai, Chang Wat Chiang Rai 57000
🕐 24小時

玉佛寺 | Wat Phra Kaew | วัดพระแก้ว
翡翠佛像雷擊現世

　　西元 1434 年，一道閃電擊中清萊一間不知名的小廟——竹林寺（วัดป่าเยี้ยะ ／ Wat Pa Yeah），被擊中的佛塔裂開了，發現裡面藏有一尊佛像，便將其移至殿內供奉。最初佛像被發現的時候覆滿了灰泥，後來眼部的灰泥裂開，僧侶們這才驚覺，原來佛身竟是一大塊綠色的翡翠玉石。

　　因其未解的來源之謎，加上玉石本身的珍稀性，玉佛名聲大噪，這間竹林寺也改名成玉佛寺。由於缺乏完整而可信的文獻記載，1434 年前玉佛的來歷一直都是眾說紛紜，甚至虛實參半，融合了神佛鬼怪的傳說。

　　傳說中，玉佛是在公元前 43 年由一位印度聖者，在毗濕奴與因陀羅（兩者皆為印度教的神話人物）協助下製作完成的，其後為了躲避戰爭的破壞，玉佛像被送往斯里蘭卡，又輾轉到了柬埔寨、大城等地，最後被藏在清萊的竹林寺，並於 1434 年因為一場雷擊重見天日。

清萊的玉佛為已故皇太后 90 大壽的祝賀誕禮

　　深信神諭的泰國人相信這場雷擊不是偶然，玉佛重新降臨人間必有重大的旨意，破土而出的玉佛其神聖性並未因灰泥的覆蓋而削減，反而益添光輝，成為各國王權爭相搶奪的聖物。1434 年後的玉佛事蹟多基於可信的史料，淡去了傳說色彩，隨著各國國力的強弱消長，玉佛輾轉被供奉到清邁、寮國的龍坡邦、永珍，最後又回到拉瑪王朝治下的首都——曼谷，並成為泰國的鎮國之寶，直至今日。

　　現今清萊玉佛寺裡的玉佛雖不是本尊，但也大有來頭，這是 1991 年泰國皇室為慶祝已故皇太后 90 歲大壽，採用加拿大青玉，按照原本的佛像特製的複製品，再加上這裡是最初玉佛現世之地，因此到現在都還是相當有名的寺廟。

① 玉佛寺內的文物館　② 寺廟環境清幽

INFO

⌂ Moo 1 19 Trairat Rd, Tambon Wiang, Amphoe Mueang Chiang Rai, Chang Wat Chiang Rai 57000

☎ +66-53-711-385　🕐 週一至週日 08:00～19:00　$ 無

Mae Fah Luang Art & Cultural Park I
อุทยานศิลปวัฒนธรรมแม่ฟ้าหลวง
皇太后的靜謐文物館

Mae Fah Luang（แม่ฟ้าหลวง）是泰北山區的居民對已故皇太后（即泰國 9 世皇蒲美蓬的母親）的稱呼，意即「從天而降的偉大母親」。

在一次泰北的出訪行程中，皇太后發現當地居民在教育、醫療、衛生等方面的資源都相當缺乏，這種城鄉差距的文化衝擊讓她開始關注泰北地區，並自 20 世紀 60 年代晚期以來，致力於泰北的發展。當時山區的交通不易，皇太后時常以直昇機運送

① 宏偉的蘭納建築 ② 展場寬闊明亮，館內文物眾多 ③ 動物造型的木雕裝飾 ④ 運貨的牛車

醫療人員與物資，正是因為這一形象深植泰北居民心中，於是獲得 Mae Fah Luang 的稱呼。

　　皇太后並不是清萊人，但由於清萊的山水跟氣候與她常年居住的瑞士相似，於是晚年便在清萊的董山上（Doi Tung）修建行宮，定居於此。清萊以 Mae Fah Luang 來命名當地國際機場與最好的大學。皇太后在清萊的影響力，以及清萊人對皇太后的紀念處處是痕跡。

而 Mae Fah Luang Art & Cultural Park 是皇室支持的 Mae Fah Luang 基金會（MFLF）下的一個項目，原先這個地方建來作為「泰國山區工藝品基金會」的辦公室，讓山區居民能夠透過製作與販售傳統的手工藝品維持生計，不過在董山（Doi Tung）的發展項目成立後，這些功能逐漸被取代。

現今的 Mae Fah Luang Art & Cultural Park 是一個佔地廣大的文化公園與博物館，裡面收藏了大量的柚木藝術品與蘭納文物，包含寢具、廚具、農耕器具跟紡織工具等，這些文物有的來自泰北、有的來自緬甸或寮國，年份不是太久遠，大約一百年，但都是最傳統的蘭納時期日常用品。

園區離市中心2公里，從售票口到展館也有一段距離，建議騎摩托車來。這裡平常遊客不多，參天的老樹林立，環境相當靜謐，有些工作人員會說中文，若是在參觀過程中想對文物有進一步的了解，都可以詢問他們。

① 柚木床板
② 復古的馬車
③ 各種紡織工具
④ 皇太后的紀念肖像

INFO

⌂ 313 Moo 7, Ban Pa Ngew, Tambon Rop Wiang, Amphoe Mueang Chiang Rai,Chang Wat Chiang Rai 57000

☏ +66-53-716-6057　⏱ 週二至週日08:00～17:00，週一休館

$ 外國人200銖

少數民族村 | Union of Hill Tribe Villages |

รวมหมู่บ้านชาวเขากะเหรี่ยงคอยาว

特有的傳統文化與手工小物

　　泰北地區山多平地少，自古由於地形的分隔，交流與融合不易，造就了民族的多樣性。清萊的少數民族很多，其中最有名的是長頸族，但人口最多的是阿卡族。這些民族大多源自中國雲南的山區或西藏高原，在不同的世紀、不同的朝代因為政治迫害等因素外移遷徙，因此除了泰北之外，緬甸、寮國也有不少人口。上個世紀由於緬甸內戰頻繁，有為數眾多的少數民族為躲避亂世偷渡到泰北，這些人雖在泰國落地生根過著尋常的生活，但很多人直到今日都還只領取難民證，沒有身分證跟國籍。

　　各個民族都有自己的傳統服飾跟語言，只不過在交通往來日益頻繁的當代社會裡，大家的服裝跟生活方式都已經現代化，這些傳統元素正逐漸消失。

　　為了維護與保存這些傳統，也為了讓來到清萊觀光的遊客可以更了解當地的民族風情，於是 1992 年的時候，在清萊市區北郊建立了這個少數民族村，展示了包含拉祜族（Lahu）、噶唷除（Kayaw）、長頸族（Kayan）、瑤族（Yao），以及阿卡族（Akha）的生活方式以及傳統服飾。

園區內販售各種少數民族的手工藝品

不少參訪過此地的遊客認為園區環境太簡陋，沒有好好裝修，事實上這個村莊的還原度很高，現今在泰北的山區，許多少數民族的住家真的就是像園區裡呈現的這樣，在黃土地上搭建簡易的茅草竹屋，旁邊圍一塊地養雞種菜，由於習慣席地而坐，屋內的家具不是很多，甚至也是用傳統的煮飯方式——把鍋具架在地上燒柴烹飪。

　　大部分遊客的參觀重點是長頸族，然而女性脖子上配戴銅圈的審美觀，在當代社會已經消失了，年輕的長頸族女孩不再配戴銅圈，現在只有在這種觀光景點才能看到，而且都以年紀大的長者為主。

　　除了從門票收入分潤，園區的村民也會販售各種手工製品，有一些比較有特色的東西，例如竹子做的杯子，還有瑤族娃娃信件袋等，都是相當有特色的小物，一般泰國的市集看不到。

① 穿著傳統服飾的阿卡族大姐 ② 給遊客體驗的綁帶式長頸族銅環 ③ 小煙斗 ④ 長頸族婦女木雕

① 園區內總共介紹了 5 個族群 ② 遊客們大多都是為了長頸族而來

INFO

⌂ Nang Lae Moo 6 266 Tambon Nang Lae, Mueang Chang Wat Chiang Rai 57100

☎ +66-81-993-3827 ⏰ 週一至週日7:00～19:00 $ 300銖

🌐 http://www.unionhilltribe.com

清萊觀音寺 ∣Wat Huay Pla Kang∣
วัดห้วยปลากั้ง
中式風情的觀音寶塔

① 夜晚的九重塔 ② 巨大的觀音佛像在數公里外都看得見

　　在清萊市區北緣的 kok 河對岸，有一座迥異於泰北蘭納風格、非常獨特的佛寺，叫清萊觀音寺，或作「九重塔觀音寺」，因其祭拜的主殿外型是一座 9 層樓的寶塔，而後方的坡上有一座非常巨大的、純白的中國式觀音。

　　觀音像碩大宏偉，獨然矗立於田野之間，甚至在數公里外就可以清楚看見。九重塔觀音寺的建築風格與傳統泰北的佛寺大異其趣，塔前的階梯旁一樣有雙龍護法，但卻是中國的龍，而不是多頭的那迦蛇（Naga）。塔內的佛像都是由木頭雕刻而成，每層樓供奉的神祇不同，有觀音、佛陀、彌勒佛、千手觀音像等。旅客可自由參觀九重塔，不需要門票。

　　而這座觀音像的內部一樣可以參觀，結構就像一座大樓，設有電梯，觀音內部的參觀門票是 40 銖，購票後直接搭乘電梯到頂樓，頂樓的位置便是觀音像的頭部，牆壁上有許多純白的雕像裝飾，不免令人聯想到白廟，只不過風格完全不同。這裡還有個觀景窗，其實就是觀音眉間的那一點，從觀景窗往外看，想像著自己眼前所見的，竟是神祇的視野，一種奇妙的莊敬感便油然而生。

　　每棟建築之間的距離其實不算太遠，不過廟方有提供免費的園區接駁車，入口處搭了一個棚子，每天中午都有免費的齋餐供香客用膳，園區後面還有一棟建築物是廟方的孤兒院，這些都是有賴於四方信眾熱情捐獻才能持續供應的資源，所以參觀寺廟的時候若行有餘力，不妨也捐獻一點香油錢，讓善意形成一個不間斷的循環。

① 觀音像內部的人像雕塑充滿中國風情 ② 從高處俯視九重塔 ③ 透過觀音眉間的龍門看出去的景象
④ 搭乘電梯可從一樓直達觀音頭部 ⑤ 由下仰望更顯得宏偉的觀音像

INFO

🏠 553, Amphoe Mueang Chiang Rai, Chang Wat Chiang Rai 57100
📞 +66-53-150-274　🕐 週一至週日7:00～18:00
💲 參觀觀音像內部40銖

清萊當代藝術中心 | Art Bridge | ขัวศิลปะ
連接藝術與大眾的重要橋樑

　　Art Bridge 是一間當代藝術展覽中心，結合了藝術作品展覽館、文創商品販售商店，以及戶外的田園咖啡館，位置在市區北郊，距離約五公里。

　　這間藝術中心由清萊的藝術家團體所創立，一切都起源於白廟作者 Chalermchai Kositpipat 提供的 50 萬基金，起初這份基金的目的是要支持當地藝術家的工作，並且讓本地藝術相關科系的學生可以獲得更好的教學資源，這一拋磚引玉的舉動產生了蝴蝶效應，慢慢地有越來越多清萊本地的藝術家，以及關心藝術發展的人士也加入了捐贈跟募款的活動。為了創建一個清萊藝術家基地，這些人開始投資小型的商業活動，接著逐漸增長成具規模的企業，並用這些獲利來促使「清萊藝術基金」繼續成長，最終催生了 Art Bridge 藝術中心。

　　Art Bridge 原文為「ขัวศิลปะ」，ขัว 是泰北方言的「橋」，ศิลปะ 是「藝術」，取這個名字是希望這間藝術中心可以像一座橋梁，連結著藝術與社會大眾，讓藝術融合社會，也讓普羅大眾走進藝術殿堂。

　　參觀展覽館不需要門票，一進來馬上就注意到黑白廟作者的肖像被擺置在最醒目的地方，因為他們是清萊當代藝術的 2 大定錨巨擘，對於後來的發展具有相當重要的指標性。這裡常態性展出各種創作，如果有想要購買的畫作也可以直接跟櫃台詢問，裡面同時附設文創商店跟咖啡館，逛累了可以吃個飯休息一下。Art Bridge 的位置大概就在市區跟黑廟的中間，前往黑廟的路上一定會經過，到清萊旅遊的時候不妨安排參觀，走到藝術之橋的那一端，更深度地認識清萊。

① 頂樓的裝置藝術 ② 館內常態性展出清萊藝術家的作品 ③ 白廟作者的肖像也成為彩繪的主題
④ 禮品部門販售各種文創商品

INFO

🏠 551 Moo 1, Phaholyothin Road, Ban Du, Muang Chang, Wat Chiang Rai 57100

📞 +66-95-229-5359　🕐 週一至週日10:00～19:00　$ 無

清萊舊機場 | สนามบินเก่า
坐落市區中的多功能場地

①

　　如果不仔細去發現的話，很難想像清萊市區裡藏了一座機場，而且位置竟然就在 Central Plaza 購物中心的對面，這是清萊的舊機場，建於 1926 年，然而在新機場「Mae Fah Luang 國際機場」於 1998 年落成之後，這個機場的功能就被取代了。

　　不過有趣的是，機場並沒有因此而荒廢，反而成為了當地居民的大運動場，總長 1.6 公里的起降跑道在每天傍晚成了跑步、打球、騎單車、跳有氧的好地方，機場的西側是高爾夫球場與度假村，周邊寬廣平坦。慢跑於跑道上往遠方望去，末端是層層山巒與寬廣的藍天，傍晚太陽下山但天色猶亮的時候是運動最好的時機，尤其下過雷陣雨的午後氣溫又更舒適一些。在跑道中央、塔台的前方有一塊空地，晚上 6 點會有免費的有氧課程，台上有老師帶跳，有興趣的人可以自由加入。

　　到清萊旅遊的時候，傍晚不妨穿上運動鞋過來走走，除了可以消耗美食累積的卡洛里，還能感受最真實的在地生活。這個場地也常常不定期舉辦夜市或各種美食節、銷售會等活動，如果運氣好的話剛好可以遇得到。

① 傍晚，機場跑道就成了居民的運動場 ② 塔台旁的小飛機訴說著往日執行任務的榮光

　　機場有 2 處入口：一個是從 Lilawadi Park 這一頭進來，另一個則是從 DoiPhabart Alley 進來，如果騎摩托車前來需停在入口處，不可騎上運動跑道，已廢棄的塔台前方草地停了一台小飛機，但僅限於擺飾。

　　舊機場在某些非常時刻依然保有起降功能，例如 2018 年 6 月的野豬足球隊小朋友受困睡美人山洞事件，當他們被救出後，直升機將他們從美塞送到清萊市就醫時，便是在這個機場降落的，那天晚上機場人山人海，被層層的民眾與世界各國龐大的記者群包圍，就是為了一睹這起全球知曉的大事件。

INFO

⌂ Tambon Rop Wiang, Amphoe Mueang Chiang Rai 57000

🕐 24小時

91

聖獅公園 | Singha Park | สิงห์ปาร์คเชียงราย
金獅看守的遼闊農場

　　泰國有 3 大啤酒廠商，分別是 Singha Beer（獅牌）、Chang Beer（象牌）、Leo Beer（豹牌），這個聖獅公園便是由 Singha Beer 所經營，是清萊相當受歡迎的景點，與白廟相距 5 公里。

　　數十年前泰國 9 世皇出訪清萊時，有感於當地就業機會太少，讓大多數人只能靠種植罌粟維生，於是與許多泰國大企業商討如何開發清萊，並為當地人提供更多就業機會，Singha 啤酒公司因此在清萊大量收購土地，進行農地開墾。

　　最初他們主要種植大麥，農場也不對外開放，後來慢慢將農場轉型成觀光園區，於 2012 年 12 月向遊客開放，現在的 Singha Park 種植的作物更加多樣化，除了有草莓之類的高經濟效益水果，也有生產茶葉，另外亦有景觀餐廳、動物園、溜索設施、自行車出租等適合全家大小一起同樂的觀光活動。

　　聖獅公園佔地非常廣大，超過3000英畝，與一般對「公園」的印象截然不同，最難得的是，這麼大的園區，不管任何時候來都整理得乾乾淨淨，沒有一點垃圾跟雜草。遼闊的農田連接到遠方的山，還有大小不一的湖泊散落在園區裡，不管走到哪都是如詩如畫的美景。除少數特定區域，汽機車皆可自由在園區內通行，騎機車來是最適當的旅遊方式，若是搭車前來，可以在入口處的旅客資訊中心購買園區接駁車票，只不過需要配合發車時間，行程安排上較不彈性。

① 晴天之下的湖光山色 ② 門口的招牌大金獅 ③ 聖獅公園的大草地經常用來舉辦活動 ④ 園區接駁車

① 公園內的大片茶園 ② 造型時尚的高塔，內有餐廳與溜索設施 ③ 逛累了就在咖啡廳休息一下
④ 園區內的花卉隨著四季變換

　　聖獅公園最熱門的打卡點無疑就是門口那隻大金獅了，這隻獅子是按著獅牌啤酒的 logo 去做的，一隻龐然巨獅矗立在遼闊的草原之上，看上去氣勢十足，也難怪聖獅公園門口不需要設立招牌，因為這隻獅子就是招牌。

　　每年 11 月～ 1 月是清萊的旅遊旺季，這段期間聖獅公園也會不定期舉辦各種節慶活動，最有名的是熱氣球節，詳細的活動內容與行程表他們都會公布在官網。

INFO

⌂ 99, Moo 1 | Mae Kon, Chiang Rai, Chang Wat Chiang Rai 57000
☎ +66-91-576-0374　$ 入園參觀不需門票，其他活動的門票園內購買
🕐 週一至週日09:00～17:00／園內部分餐廳營業至晚上
🌐 https://www.singhapark.com/

大象保育園 | Elephant Valley Thailand
讓牠們回歸該有的生活

　　近來泰國的大象旅遊吹起保育風，過去騎大象活動所使用的鐵架、不人道的訓練方式，以及大象過長的工作時數漸漸受到重視。消費者觀念改變，主動向旅行社指定選購保育式的大象活動，促使市場結構也跟著改變，現在泰國有越來越多的大象園區都以保育為訴求，Elephant Valley Thailand 就是其中之一。

　　在實際作法上每家象園各有不同，有的是淘汰鐵架，讓遊客以直接乘坐的方式騎大象；有的是不讓遊客騎大象，改以跟大象一同玩水或餵食大象的方式進行。這在之中，Elephant Valley Thailand 所採用的方式是最嚴格、對大象最友善的，他們的宗旨很簡單，就是——讓大象再一次當回大象。

　　Elephant Valley Thailand 象園裡的大象多來自旅遊業或伐木業，飼養大象需要極高的花費，這些飼主因為各種原因無法繼續飼養，因此他們採取「承租」的方式，說服飼主將大象送到 Elephant Valley Thailand 接受照顧，這麼做的用意是不希望飼主為了賺錢，去買來更多的大象賣給他們。

餵大象吃香蕉的新奇體驗

由於這些大象畢生都在為人類工作，剛到 Elephant Valley Thailand 的時候防備心很重，跟其他大象之間也是花了好一段時間才建立起互動關係。象園的導覽員說，他們的工作其實就是教導這些大象：如何「當一頭大象」，如何隨自己的喜好吃草、散步、磨樹皮、玩泥巴，不需要按表操課載客人或搬木頭、不需要擔心受怕、不需要處處防備。

因此購買 Elephant Valley Thailand 的活動不能騎大象，也沒有太多強制性的互動，不過可以跟著導覽員的講解，近距離觀察這些大象，聽聽牠們過去的故事，了解牠們的生活與未來。Elephant Valley Thailand 在清萊車站旁設有門市，凡購買活動皆附帶飯店接送，所有的門票收入都將用於大象保育工作。

① 剛洗完澡的大象從遊客面前走過 ② 園區大門口 ③ 遊程附帶豐盛美味的泰式午餐

象伕正在幫大象洗澡

INFO

⌂ 880 / Phaholyothin Rd, Tambon Wiang, Amphoe Mueang Chiang Rai, Chang Wat Chiang Rai 57000

☎ +66-95-452-1974

🕐 週一至週日 08:00～21:00

⌂ 154,moo 15, Tambon Pa O Don Chai, Amphoe Mueang Chiang Rai, Chang Wat Chiang Rai 57000

🕐 週一至週日 09:00～17:00

$ 活動依時間長短分3種方案，售價分別是1000銖、1600銖、2000銖，另有住宿方案，可前往門市詢問詳情。

⊕ http://www.elephantvalleys.com/

燒陶美術館 | Doy Din Dang Pottery |

ร้านเครื่องปั้นเซรามิกบ้านดอยดินแดง
留日藝術家創造陶器天地

各式精美的陶器，彷若一間小型美術館

　　Doy Din Dang Pottery 是一間私人陶器工作室，由清萊當地藝術家 Somlak Pantiboon（สมลักษณ์ ปันติบุญ）於 1991 年創立，他曾遠赴日本學習美術，作品也多次獲獎，工作室的名字「Doy Din Dang」（ดอยดินแดง）指的是清萊本地的紅土，這種土是製作陶器的原料，也可以拿來蓋房子。

　　工作室與少數民族村（Union of Hill Tribe Villages）位於同一條巷子裡，兩地相距約一公里，可安排一起參觀。從大門口走進來會發現裡面的範圍比想像中大很多，美術館建造在田野間一座植滿綠樹的院落裡，由數間房舍組成，這其中有燒陶工作室、4 間作品展示區，還有一間咖啡館，而這些房子的牆面也是由紅土砌成。

　　創作的陶器品項很多，有杯具、碗盤、茶壺、花瓶，還有一些比較大件的作品，除了陶土之外，連上色的顏料也是就地取用的自然素材，比如藍色就是使用稻草灰跟竹灰來上色的，儘管每件獨一無二的手作陶器都美得令人驚嘆，但售價卻是出乎意料地親民，不到 400 銖就能買到一組咖啡杯。

① 用各種自然素材，燒冶出千變萬化的色彩 ② 拼貼牆是必拍的打卡熱點 ③ 簡單的擺設就能塑造出高雅的氛圍 ④ 還沒上色的素坯

　　來到 Doy Din Dang 絕對不能錯過的拍照美景，就是入口處那面鑲滿破碎陶器的紅土牆，這些或許是不小心摔破的、或許是燒壞的瑕疵品，本該成為垃圾被丟棄，不料將它們組合起來後，竟意外地形成一種和諧的美感，原本殘缺的個體，因為彼此的支持而成為完美的整體。造訪 Doy Din Dang，可以看見人與陶器的無限可能。

INFO

⌂ Nang Lae, Mueang Chiang Rai District, Chiang Rai 57100

📞 +66-53-705-291　🕐 週一至週六08:30～16:30，週日公休　$ 無

🌐 https://www.doydindang.com/en

英文二手書店 | Orn's Bookshop
藏書量豐富的巷弄小書庫

① 書店雖小，藏書量卻相當豐富 ② 偶見中文書籍參雜其中

　　如果住在「Mercy青年旅館」，走出門口的時候總會看到對面的社區巷口掛了一個寫著「used books」的小紙板，但放眼望去都是寧靜的住宅，實在很難想像會有商店，沿著巷子走進去後，還真的有一間別緻的書店藏在裡面。

　　書店老闆是個德國的老先生，跟泰國籍妻子結婚後育有子女，並在清萊定居長達數十年，泰語的聽說讀寫對他來講都不是問題，在智慧型手機還不發達的年代，書本依舊是最主要的娛樂來源，一開始只是跟同住泰國的西方友人之間簡單的書籍交換活動，到了2005年發展成一間二手書店。

　　走進書店會先看到幾隻貓咪慵懶地在前院休憩，這是老闆養的貓。屋內的藏書量相當豐富，旅遊、小說、歷史、文學、哲學、音樂、美術、人物傳記，各種類別都有，主要以英文書為主，另有少數其他語言的書，比如泰文、日文、中文等，日文方面以小說為眾，中文書區裡竟然還發現了台灣的言情小說。

　　老闆人很親切，如果有想要找的書都可以問他，雖是二手書但狀況都不錯，價格也相當實惠，想挖寶的愛書之人可千萬別錯過了。

INFO

⌂ 1051/61 Jetyod Rd, Tambon Wiang, Amphoe Mueang Chiang Rai, Chang Wat Chiang Rai 57000

☏ +66-81-022-0818 ⏰ 週一至週日08:00～20:00

天元茶莊 | Suwirun Tea |
สุวิรุพห์ ชาไทย สาขาไนท์บาร์ซา
市中心的高品質茶葉門市

① 離車站很近，交通方便
② 茶葉口味眾多

　　清萊盛產高品質的咖啡跟茶葉，市區有許多在地烘焙的咖啡館，要買到好喝的咖啡很容易，但茶葉產品就要到郊區的茶園才會比較多，Suwirun Tea 是清萊市區最具規模的茶葉產品銷售門市，位置很好找，就在清萊市中心，車站斜對面的路口轉角。

　　SuwirunTea 有自己的茶園，店裡自有品牌的系列產品都是在清萊本地生產，而且也通過有機認證，茶園在白廟南方，離市區約 2 公里，種植的品項很多，紅茶、綠茶、烏龍茶都有，各個茶種也都還有等級之分。除了茶葉，另外亦搭配薄荷、洛神花、香茅、山苦瓜製作出不同口味的茶，如果有想嘗試的口味，可以請店員沖泡現場品茶，其中香茅紅茶的評價很好，山苦瓜茶也很特別，一點苦澀都沒有，反而有種淡淡的清香，都是不錯的伴手禮選擇。

　　門市旁邊設有手搖茶店「So Tea」，珍奶的味道跟台灣相差無幾，而且還可以調整甜度，由於，So Tea 的珍珠已經有加糖熬煮了，建議選擇無糖會比較好，另外So Tea 的搖茶機上綁了一隻熊大娃娃，所以當搖茶機起動的時候熊大也會跟著瘋狂搖動，看起來就像熊大在搖茶一樣，超級可愛！

INFO

 店面

⌂ 878 Phaholyothin Rd, Tambon Wiang, Amphoe Mueang Chiang Rai, Chang Wat Chiang Rai 57000

☎ +66-53-712-007　🕐 週一至週日11:00～22:00

茶園　⌂ 175ThanalaiRd.,W iang, Muang Chiang Rai 57000

特色產地咖啡館
到清萊一定要喝杯咖啡

清萊府境內有許多海拔 1200 ～ 1600 公尺的山區，非常適合種植咖啡豆，自 1970 年代開始，泰國政府有計劃地輔導泰北農民進行農業轉型，以高經濟價值作物取代罌粟，其中，咖啡就是一個重點輔導作物，泰北的咖啡豆以阿拉比卡為主，搭配不同的林木與果樹混合種植。達到遮陽與有機耕作的效果，清萊與其他泰北地區的咖啡品質，不管在種植技術或烘焙技術方面都逐年提升，近幾年更屢屢獲得國外獎項肯定。

作為咖啡主要產地的清萊府，境內有許多咖啡田，市區也有許多產地直送的優質咖啡館，在清萊旅遊，品嘗一杯好咖啡是必排的行程之一。

清萊的特色咖啡館眾多，
各種設計風格都有

在咖啡館裡消磨美好的時光吧

喵星人聚集的貓咖啡
真是撫慰人心

Chivit Thamma Da | ชีวิตธรรมดา
河畔餐酒咖啡館人氣爆棚

　　清萊人氣 No.1、也是 tripadvisor 排名前 3 的清萊餐廳，幾乎是所有到訪過清萊的部落客一定會介紹的超優質咖啡館。泰文店名 ชีวิตธรรมดา 的原意是「尋常的生活」，由一個泰國女生 Nattamon Holmberg 於 2009 年創立。在這之前她本來在外地學習甜點烘培，以及咖啡的相關知識，由於厭倦了大城市的生活步調，最後回到她的家鄉清萊，並在 kok river 河畔開了這家餐廳。

① 庭院前面的復古三輪車 ② 餐點別緻又美味 ③ 戶外座位寬敞舒適

Chivit Thamma Da 整體建築風格採歐式殖民風，建造在河畔邊的純白木造房子總共有 3 個部分，分別是酒吧、咖啡館、餐廳，基於對環境友善的原則，所有食材都取自於當地，也盡可能與有機供應商配合，良善的企業文化同時也表現在對人的關懷，包括員工跟顧客，「一個負責任的餐廳，遵循良好的道德原則，在輕鬆的環境中提供健康，天然的產品，有助於客人以及員工和附近社區的福祉，這是我們的目標。」

　　「尋常的生活」不只是憧憬，也是實踐，落實在為信念付出的每一天。

① 入口前的可愛招牌與花草 ② 由內到外都是歐式殖民風格 ③ 餐酒館裡飲品種類豐富

INFO

🏠 Village No. 2 179 Bannrongseartean Soi 3, Tambon Rim Kok, Amphoe
  Mueang Chiang Rai, Chang Wat Chiang Rai 57100泰國

📞 +66-81-984-2925 🕐 週一至週日08:00～22:00

🌐 http://www.chivitthammada.com/

The Wanderer | เดอะ วันเดอเรอร์
與自然共生的綠意咖啡館

　　位在 kok river 河畔邊，是一間綠意盎然的森林系咖啡館，開幕至今才 3 年，算是很新的店，在眾多特色河岸咖啡館中打響了自己的知名度，成為受清萊當地年輕人歡迎的人氣店家之一。

　　The Wanderer 的整體空間規劃都很符合綠能原則，除了一間冷氣房之外，其餘都以通風、挑高或林蔭等自然工法來降低氣候的溫度。這間森林咖啡館令人驚豔的地方是，他們園區裡的樹不是人工栽種的，而是在不砍除原生樹種的前提下，於野生林子裡打造出一座與自然共生的咖啡館，即便是 5 月份的下午，迎面吹來的也是自然涼風，沒有冷氣一樣舒爽宜人。

　　餐點的口味跟精緻度都很棒，菜色種類豐富，多以泰國菜為主；蛋糕也很好吃，不會過甜，唯獨出菜時間比較久，建議前往用餐的時候盡量不要把下一個行程排太緊，時間充裕點比較能好好享受。

① 坐落於森林裡的咖啡館 ② 美麗的溫室與自然零距離
③ 室內是簡約的清水模設計 ④ 色香味俱全的泰式蝦湯

INFO

⌂ 537/1 Tambon Rim Kok, Amphoe Mueang Chiang Rai, Chang Wat
Chiang Rai 57100泰國

☎ +66-63-932-3956 🕐 週一至週日08:00～18:00

🌐 https://www.facebook.com/thewanderercafe/

Sawanbondin Farm & Home Stay |
สวรรค์บนดิน โฮมสเตย์
取用有機食材的花草茶館

　　老闆 Chukiat Vasaruchapong 是清萊人，數年前在曼谷從事攝影師的工作，後來因為年邁的父親身體不好，加上對大城市感到厭倦，於是辭掉曼谷的工作，回到清萊家鄉。他們家本來就是務農的，擁有大片的農田，於是他開始鑽研各種花草茶的種植與功效，開了這間 Sawanbondin Farm & Home Stay，並將自家種植的草本茶做成精美的茶包產品，除了在自己的店面販售，也在清萊其他咖啡館或伴手禮店寄賣，甚至不定期會到清邁的文創市集擺攤。

　　Sawanbondin（สวรรค์บนดิน）意旨「在地上的天堂」，也就是人間仙境的意思，整體走生態綠能路線，食材也取自自家有機農田，除了有咖啡，還有用蝶豆花茶加牛奶做成的「藍色拿鐵」，好看又好喝，店裡的餅乾也是用米跟芝麻獨家手作的，香濃而不膩，甜味的來源不是糖，是有天然代糖之稱的草本植物「甜菊」。

　　Sawanbondin 亦有提供 homestay，以及燒陶跟品茶等活動，有興趣的話皆可透過 FB 粉絲專頁私訊詢問，可用英文溝通。

裝潢與擺飾取自天然素材，看似隨性卻自成風格

① 櫃台販售自家產品 ② 手作陶器 ③ 店貓一點都不怕生
④ 招牌藍色拿鐵與自宅烘焙小餅乾⑤ 各種曬乾的花草茶 ⑥ 民宿房門口的小盆栽

INFO

⌂ 171/12 Moo 1, Ban San Tan Lueang, Rim Kok road, Mueang Chiang Rai
57100

☎ +66-81-205-3554 ⏰ 週一至週日08:00～17:00
🌐 https://www.facebook.com/SawanbondinFarm/

Ryokan Café | เรียวกังคาเฟ่
田野間的和風茶室

①

　　距離白廟 2 公里外，有一間在當地頗具知名度、但外國遊客卻鮮少聽聞的咖啡館「Ryokan Cafe'」，坐落在大片的田野之間，一抵達門口，就有一種時空錯置的感覺，彷彿自己穿越了任意門——瞬間從泰國清萊移動到日本的鄉間小屋。

　　不只外觀，咖啡館內部陳設更是充滿了濃濃的東洋味，和服、哆啦 A 夢、神龕、龍貓、抹茶，無一不是日本最具代表性的象徵元素，咖啡館老闆是一個喜愛日本與日本文化的泰國人，在清萊打造了一個小京都，讓同樣喜愛日本文化的泰國人可以不用出國就感受得到日式風情。

　　在 Ryokan Cafe' 用餐是一件非常享受的事，由於這裡鮮為外國遊客所知，店

① 顧客以當地人為主
② 重現龍貓的經典場景
③ 店裡提供泰式與日式餐點
④ 櫃檯前掛滿全圖文菜單
⑤ 慵懶的懸掛藤椅

裡的客人幾乎都是當地泰國人，像在享受著日復一日尋常的美好時光那樣，進來了就是點杯飲料，然後安安靜靜地坐著放鬆，不然就是和朋友閒聊家常，一間完美融合日式與泰式風格的咖啡店，一個帶給人新奇感受的空間。

INFO

⌂ 134 Moo 4 Buasali Mae Lao Chiang Rai 57250

☎ +66-81-868-3010 ⏱ 週一至週日9:00～18:30

🌐 https://www.facebook.com/RyokanCafe/

CAT 'n' A CUP Cat Café
巴士站旁的吸貓首選

　　清萊巴士站旁邊有一間咖啡店,任何時候經過都可以看到一大群人圍在玻璃外上對著裡面拍不停,超人氣的祕密就是店裡有好多可愛的喵星人!

　　泰國人愛貓,世界各地的人也愛貓,貓咪是大家共同的語言。CAT 'n' A CUP Cat Café 在清萊已經開一段時間了,本來在別的地方,後來才搬到人來人往的巴士站旁邊。店家非常聰明,將外牆全部做成透明玻璃,不打算消費的人也會被可愛的貓咪吸引,忍不住駐足圍觀,所以店裡從早到晚生意都很好,不管是店內或店外,時常擠滿了人。

　　其實要進來跟貓咪同樂的門檻非常低,只要幾十泰銖就可以了,CAT 'n' A CUP Cat Café 只賣飲料跟蛋糕,低消不限金額,只要有點東西就可以,不過有時候送上來的餐點難免有貓毛,如果介意的話就點可樂之類未拆封的瓶裝飲料,想要成為「萬貓迷」也很簡單,店家有販售貓零食,一包在手保證貓咪跟你走。

① 貓咪照片是最好的裝飾品
② 貓零食在手,貓咪跟妳走
③ 這在裡貓星人才是老大

① 店裡提供各種飲料跟蛋糕
② 不同花色與品種的貓咪在咖啡廳裡竄上竄下，想讓貓咪停留在身邊就想辦法討好牠們吧！

INFO

⌂ 596/7 Phaholyothin Rd, Wiang Mueang Chang Wat Chiang Rai 57000

☎ +66-88-251-3706　⏱ 週一至週日11:30～22:00

🌐 https://www.facebook.com/catnacup

Bechegu | เบเซกู่
店家熱情的高 CP 值咖啡館

Bechegu 是阿卡族的一個姓氏,這家咖啡店的老闆是阿卡族,店鋪位置離車站約 20 分鐘步行路程,周邊沒有商家,店門口也不特別起眼,但屋內高朋滿座的人潮總是與清幽的門面產生強烈的對比。

座位區分為室內跟室外,前庭是戶外座位區,布滿花草與蕨類植物,水池旁邊擺置木頭桌椅,在這個區域可以享受自然的戶外林蔭;室內的部分必須脫鞋才可以進去,木製的家具與暖色燈光營造出柔和的氛圍,一進屋就聞得到陣陣濃郁的咖啡香氣。

Bechegu 的員工非常友善,即使是初次造訪的陌生外國客人,櫃台裡忙碌的員工也會熱情地主動招呼點餐,咖啡的味道很好,價格實惠,每杯咖啡都免費附贈一壺熱茶,亦備有輕食可以加點,不論平日假日,店裡隨時都坐滿了客人,是清萊市區非常受當地人喜愛的咖啡館。

(註:google 地圖上顯示的店名是「AGAPE」)

① 凡點咖啡即附贈一壺清茶
② 不論平日假日都高朋滿座
③ 戶外庭園綠意盎然

① 室外座位區享受自然風 ② 客人不乏趁著午休時間出來偷閒的上班族

INFO

⌂ 95 Ratyotha Rd, Tambon Rop Wiang, Amphoe Mueang Chiang Rai, Chang
Wat Chiang Rai 57000

☎ +66-86-430-2593 ⏰ 週一至週六07:00～17:00，週日公休

Laan-Tim Cafe' & Gallery | หลานติ๋ม คาเฟ่
結合民宿的懷舊木造空間

①

　　這是一家老房子改造而成的咖啡館，Laan(หลาน) 是孫子的意思，Tim(ติ๋ม) 是老闆祖母的名字，亦即老闆用自己祖母的名字，將店名取作「Tim 之孫 café」，並用奶奶的肖像作為 logo。前身是幼兒園，後來請設計師改造成一家非常漂亮的咖啡館，2018 年的時候甚至還獲泰國室內設計雜誌「room magazine」評選為百大最佳設計咖啡館之一，在清萊當地也是知名度頗高的店。

① 從外觀設計、櫃檯主體,到桌椅擺設都大量運用木頭素材,風格獨特引人駐足
② 老闆以奶奶的肖像作為 logo,設計在咖啡杯上

① 咖啡館的後方即是民宿 ② 一樓公共交誼廳寬敞舒適 ③ 房間內的設計簡約溫馨

　　咖啡館後面的空間則改造成民宿「Baan Norn Plearn」，在 agoda 上有 8.8 分的高評價，保留了木造老房子原本的主結構，運用大量懷舊元素的家具作裝飾，一樓的公共客廳非常舒適，就像真的回到奶奶家一樣。

INFO

🏠 382 Ngam Muang Rd, Tam Nai Wiang Amphoe Mueang Chiang Rai, Chang Wat Chiang Rai 57000

📞 +66-84-669-7926　🕐 週一至週日09:00～17:00

🌐 https://www.facebook.com/laantimcafe/

1：2 coffee brewer
鬧中取靜的清新風格館

① 櫃台裡忙著製作咖啡的老闆娘
② 每杯咖啡都是現點現沖的濃郁風味
③ 店裡陳列著不同的咖啡豆
④ 門口以簡單的蕨類植物點綴

　　在清萊市政市場旁的「1：2 coffee brewer」是一間清新文雅的咖啡館，裝潢風格以白牆為基底，搭配木頭桌椅、工業風的吊燈，以及瑰麗但不俗艷的乾燥花飾，打造出一種舒爽自然的極簡風格，與周邊菜市場的人聲鼎沸形成有趣的對比。

　　這裡的客人以學生跟年輕上班族居多，店內放著柔和的音樂，伴著沖煮咖啡的聲音跟陣陣咖啡香味，店門口有兩張吧檯椅，戶外座位可以欣賞街景跟來來往往的市民，價格實惠又好喝的 1：2 coffee brewer 也是外帶咖啡的好選擇。

INFO

⌂ 511/2 Suksatit, Tambon Wiang, Amphoe Mueang Chiang Rai, Chang Wat Chiang Rai 57000泰國

☏ +66-88-251-2705　⏱ 週一至週日08:00～17:00

🌐 https://www.facebook.com/onetotwochiangraibrew/

Chei • Your Everyday Meals & Sweet |

เชย

藤蔓花園中的輕食盛會

任何人經過 Chei 都一定會忍不住被綠意盎然的外牆吸引目光，整棟咖啡館被各式各樣的爬牆植物、攀藤植物，以及觀葉植物所包覆，在人車繁雜的清萊市區街道上形成一方美麗的花園，深藍色的木窗框與門框，搭配帆布棚，營造出濃濃的歐式風味。

室內裝飾的部分延續室外的自然風格，將大量的蕨類與室內植物點綴在咖啡館各處，挑高的樓中樓天花板，以及鐵欄杆的透視效果，佐以寬敞明亮的採光，讓 Chei 的用餐空間完全沒有室內的閉鎖感，反而感覺像是在一個戶外小花園進食。

營業時間只到下午 5 點，基本上以提供早午餐跟下午茶為主，店裡有許多口味的自製手工蛋糕，每天的樣式都不盡相同，同時也提供各類西式、泰式鹹食餐點，各種願望都可以在這裡同時滿足。

① 菜色非常豐富，不管是咖啡、飲品，或者泰
　式西式的早午餐，都有琳瑯滿目的選擇
② 每日現作的蛋糕與麵包都陳列在一樓櫃台前
③ 挑高的室內空間，搭配綠色植栽
④ 色彩繽紛活潑
⑤ 2 樓沙發座位區

INFO

🏠 1000 2 Satharn Payabarn Rd, Tambon Rop Wiang, Amphoe Mueang Chiang
Rai, Chang Wat Chiang Rai 57000

📞 +66-99-519-9879　🕐 週一至週日07:00～17:00
🌐 https://www.facebook.com/Chei-261377417684919/

象山｜Doi Chaang｜ดอยช้าง
富有歷史文化的高品質咖啡總部

①

　　Doi（ดอย）意思是「山」，Chaang（ช้าง）是「大象」，直譯出來就是「象山」，這是清萊的一座山，位在市區西南方 40 公里外。1960 年代泰北山區開始種植咖啡豆，剛開始，一些泰語不好的少數民族以及華人常會被中盤商剝削，有鑑於此，阿卡族村人 Pikor Phisailert 跟其他幾個創辦人一起創立了象山咖啡（Doi Chaang Coffee Original Co., Ltd.），以山的名字做為公司名稱，集結阿卡族、傈僳族，以及華人村莊的咖啡豆一起銷售。

　　經過十多年的發展，「Doi Chaang」現在已經是一個跨國咖啡大品牌，在

① 在 Doi Chang View - Coffee & Food 享受拿鐵，佐一座村莊 ② Doi Chaang Coffee 象山總部門市
③ Sirinya Coffee 的柑橘特調，顛覆對咖啡的想像 ④ Doi Chang Coffee Farm 也是山上的人氣店家之一

泰國各大城市都有許多連鎖門市，版圖甚至拓展到東南亞其他國家，以及英國跟加拿大。「Doi Chaang」秉持著公平貿易的理念，給農民合理的收益，推廣有機栽培，均衡造林保持水土平衡，種植出高品質又美味的咖啡豆，不但創造一間成功的企業，也讓 Doi Chaang 成為好咖啡的代名詞。

　　「Doi Chaang」工廠總部就在象山上，山上風景優美，除此之外還有許多小農自創品牌的咖啡館，從市區騎摩托車上山單程約 1.5 小時，值得安排時間來走逛，以下推薦幾間象山周邊的咖啡館。

Doi Chaang Coffee Estate

咖啡館在象山的工廠總部，旁邊設有一間門市，是遊客朝聖的景點，工廠內部無法參觀，但周邊不受限制，可隨意拍照。

INFO
⌂ 787 Tambon Wa Wi, Amphoe Mae Suai, Chang Wat Chiang Rai 57180
✆ +66-90-319-8357
🕐 週一至週日08:00～18:00
🌐 www.doichaangcoffee.co.th

Doi Chaang Coffee 在象山的總部門市，是咖啡迷朝聖之地

Doi Chang View - Coffee & Food

象山上的咖啡館都擁有水準之上的咖啡，但景色好不好跟所處的位置有很大的關係，這間咖啡館位在山坡的高點，顧名思義最無敵的賣點就是「View」，往下可以完整眺望一整座山中村莊，美妙的景色搭配咖啡越喝越香。老闆是中國籍的雲南人，老闆娘是當地少數民族，店內也有提供各式雲南餐點。

INFO
⌂ Wawi Subdistrict, Mae Suai District, Chiang Rai 57180
✆ +66-86-116-5651
🕐 週一至週日08:00～21:30

Doi Chang View - Coffee & Food的絕佳美景，讓咖啡更對味

Doi Chang Coffee Farm

由華人老闆經營的咖啡農場，為了避免盜用商標的嫌疑，特地減去一個「a」，將店名取作「Doi Chang」，店內裝潢具有時尚現代感，位置在大馬路旁，除了好喝的咖啡，還有販售許多咖啡周邊產品。

各式咖啡商品與農特產品，等你來挖寶

 INFO
⌂ 707 DOI CHANG MOO 3 WAWEE, Mae Suai District, Chiang Rai 57180
☎ +66-99-428-9649
⏲ 週一至週日08:00～17:00
🌐 https://www.facebook.com/DOICHANGCOFFEEFARM

Sirinya Coffee

老闆是一對非常年輕的傈僳族夫妻，對咖啡很有自己的想法，店名Sirinya則是以他們女兒名字命名。除了一般常見的咖啡菜單，老闆還運用柳橙、荔枝研發了幾款咖啡特調，非常特別，值得一試！

在 Sirinya Coffee 品嚐老闆對咖啡的熱情

 INFO
⌂ Unnamed Road Tambon Wa Wi, Amphoe Mae Suai, Chang Wat Chiang Rai 57180
☎ +66-89-025-8712
⏲ 週二至週六08:00～17:00，週日13:30～17:00，週一公休
🌐 https://www.facebook.com/sirinyaspecialtycoffee/

旅 遊 小 提 醒

1. 建議趕在日落之前下山。
2. 騎車或開車上山的途中會經過一個水壩，在雨水多的季節該路段會有深至腳踝高度的積水，可直接行駛過去，小心不要熄火即可。

晚上也很好玩
體驗逛街購物、享美食的夜生活

泰國的熱門旅遊城市是不夜城，到處都有逛不完的商圈跟夜市，但是主要大城之外的鄉下省份就沒有這麼夜夜笙歌了，通常一個禮拜才有一兩天的定期夜市，更偏遠的區域甚至是不定期的流動市集。

清萊在泰國算是三線的旅遊城鎮，雖不像曼谷清邁這麼熱鬧，但晚上還是有夜市跟小酒吧，購物逛街吃飯都不愁沒有去處，少了人群雜沓的喧囂，這裡的夜市逛起來別有一番樸質的在地風味。

晚上找間戶外
的燒烤店，跟
朋友一起烤肉
喝酒吧！

夜市裡的生菜沙拉，
色彩繽紛美味可口

清萊市政市場 |
Municipal Market Chiang Rai |
ตลาดสดเทศบาล. เชียงราย
應有盡有的傳統市場

　　想要了解一個地方的庶民生活，就絕對不能錯過當地的菜市場！

　　市政市場是清萊最大的傳統市場，佔地非常廣闊，除了蔬果、魚肉等生鮮，還有各式各樣的五金雜貨攤位跟衣服飾品，一般泰國家庭使用的廚房用具這裡也是一應俱全，如果想自己做正宗的涼拌青木瓜，不妨買個木舂回去。

① 黃昏市場就在清萊舊鐘樓周邊 ② 市場室內部分的麵包店 ③ 熟食攤位提供各種泰北家常菜

市場每天早上 6 點開市，一直到下午都持續營業，上方搭建了屋頂，整個範圍皆在室內，下雨天也可以輕鬆地逛。

　　到了傍晚，在舊鐘樓的周邊、Suk Sathit 路上就開始擺起了黃昏市場，規模雖比不上早市，但賣的東西包羅萬象什麼都有，尤其為了方便辛苦的上班族，下班之後不用自己開伙，這裡有各式各樣的熟食，很多販賣家常料理的攤子會把一道道的菜像自助餐一樣擺出來，一份大概 20～30 銖的價格，買兩三個菜加一包白飯回飯店吃，就是實惠又豐盛的一餐，這些都是正宗的泰北家常口味，包含香蕉花、未成熟的波羅蜜這些我們平常想不到的食材都可以入菜，顛覆了一般對泰國料理就是「打拋豬」、「蝦醬空心菜」的想像。

❶

① 黃昏市場最熱鬧的時候是下午 4 ～ 6 點之間 ② 買個木舂回家做青木瓜沙拉吧
③ 各式生鮮食材這裡都有，忙碌的傳統市場體現城市的熱情

INFO

⌂ Pakdeenarong Rd, Tambon Wiang, Amphoe Mueang Chiang Rai, Chang Wat
Chiang Rai 57000

🕓 週一至週日16:00～19:00

清萊夜市 |Chiangrai Night Bazaar|
เชียงรายไนท์บาร์ซาร์
充滿泰國傳統的熱鬧氣息

① 美味的泰式炒河粉一定要嘗試看看 ② 剪裁時尚的民族風服飾 ③ 戶外美食區的烤魚烤蝦
④ 來到榴槤的原產國，當然要嚐嚐產地直送的新鮮榴槤 ⑤ 少數民族明信片

　　一年 365 天全年無休的清萊夜市，是每個到清萊旅遊的遊客必訪的景點，夜市的位置就在市區中心，緊鄰著清萊第一巴士站，每天下午 6 點開始營業，一直到入夜，是寧靜的清萊小鎮晚上最熱鬧的地方。

　　購物區的商品樣式繁多，琳瑯滿目的泰國傳統服飾很受外國遊客歡迎，透氣的棉麻材質、寬鬆舒適的剪裁能減緩炎熱天氣帶來的不適，穿上富有民族風情的花色，讓人更感覺融入當地文化。除此之外還有許多極具特色的手作小物，小零錢包、燈飾、明信片、油畫創作、T-shirt，都很適合當伴手禮。

　　餐飲區域是半露天的排檔美食街，可容納數百人的戶外座位區周邊，圍繞著

⑥ 各種泰國元素的繪畫創作

各式美食小攤，有燒烤、湯麵、小火鍋、炸物、快炒類、冰品冷飲，其中最推薦的是泰北的炭火小陶鍋，以及鹽烤魚，至於快炒類的店家地雷較多，不推薦。

　　用餐區前方有個舞台，每天都有各種傳統舞蹈或現場 live 演出，用餐氣氛輕鬆、不管對當地民眾、或外地遊客來講都是家人朋友聚餐的好地方。

INFO

⌂ 112/24, Tambon Wiang, Amphoe Mueang Chiang Rai, Chang Wat Chiang Rai 57000

🕐 週一至週日18:00～23:00

清萊週六夜市 | Saturday Night Market |
ถนนคนเดินเชียงราย
清萊週日夜市 | Sunday Night Market |
ถนนคนม่วน

充滿歡樂氣息的週末特典

清萊最好玩的夜市就是週末步行街夜市！週六跟週日各有一場，每個禮拜分別在 Thanalai 路跟 Sankhongnoi 路封街舉辦。

在 Thanalai 路舉辦的週六夜市規模最大，攤販多達數百家，有各式各樣泰北特色小吃跟街邊美食，還有手工藝品跟服裝、生活小雜貨的攤販，如果從下午 6 點開始逛，一直逛到晚上 10 點都不是問題，週六夜市的位置就在鐘樓附近，住宿地點在市中心皆可步行輕易抵達。

而在 Sankhongnoi 路舉辦的週日夜市離市中心稍微有一段距離，用走的還是可以到，不過騎車會比較省時。週日夜市也很好玩，規模比週六夜市小一點點，由於隔天星期一又開始上班的關係，週日夜市大概晚上 9 點就零零星星開始打烊。

有別於專為遊客規劃的「清萊夜市」（Chiangrai Night Bazaar），週末步行街的人潮以當地人居多，而且還不只限於市區居民，而是遠從周邊偏郊的人都會特地騎車或開車過來逛，是一個禮拜才有一次的熱鬧集市，販售的東西很多都以當地人日常生活所需為主。

① 涼拌海鮮
② 街頭藝人的表演
③ 一台小車就是一間行動店面
④ 設計感十足的木作醫藥箱、信箱與各式小櫥櫃

① 零錢包與側背布包 ② 青芒果加辣椒醬是東南亞民族獨愛的吃法 ③ 夜市裡的美食吃都吃不完

週末步行街的氣氛比起清萊夜市也更加歡樂，主要是兩地都有個大舞台，每週固定會有土風舞的活動：台上一邊演唱著泰式歌曲、台下的鄉親朋友圍成一個大圈開始跳起舞來。有些婆婆媽媽甚至會三五好友組成一個跳舞團，製作相同的 T-shirt 當制服，每個禮拜準時參加，是他們生活中不可或缺的重要娛樂，熱情的泰國人有時候會對周邊興致盎然的外國遊客表達邀請之意，覺得好玩的話就不要害羞一起加入他們的行列吧！

① 泰國歌舞表演 ② 清萊週六週日夜市都有戶外用餐區與土風舞廣場

① 香濃的椰奶冰淇淋 ② 泰國九世皇紀念商品 ③ 風味獨特的番石榴果汁一定要試試
④ 多肉仙人掌風潮在泰國也很盛行 ⑤ 夜市裡總是能發現混合外國元素的創意小吃

INFO

🏠 Suk Sathit, Tambon Wiang, Amphoe Mueang Chiang Rai, Chang Wat Chiang Rai 57000

🕐 週六18:00～23:00

🏠 Sankhongnoi Rd, Tambon Rop Wiang, Amphoe Mueang Chiang Rai, Chang Wat Chiang Rai 57000

🕐 週日18:00～22:00

Central Plaza | เซ็นทรัลพลาซา เชียงราย
逛街購物最佳去處

泰國的連鎖大型購物中心 Central Plaza 在清萊也有分館,就位在市區南邊一公里外,這同時也是清萊唯一的購物中心兼百貨公司,不過規模可不陽春,該有的都有,連電影院也有!

從一樓入口走進去就看到 Tops market,有生鮮,也有可以馬上帶走吃的熟食料理,如果是打烊之前來常有優惠出清價。超市是購買伴手禮的好地方,想買的東西幾乎都可以在這裡一次購齊。獲得老外評比為全球 No.1 的新加坡百勝廚泡麵,不知道為什麼在這裡特別便宜,椰油保養品、手工皂等泰國當地優質的產品,也有很多品牌可以挑選。

超市之外可以逛的東西又更多了,同樣位於一樓有佔地廣大的美食街,一般常見的泰國小吃這邊都有,如果想一邊吹著冷氣一邊品嘗街邊美食的話,這裡絕對是不二之選。

連鎖餐廳也有不少:麥當勞、肯德基、雙聖冰淇淋、MK、日本料理、pizza 等,散落分布在各個樓層,2、3 樓有許多男女服飾用品,仔細逛常可發現好價格,4 樓以生活日用品居多,還有大創百貨,商場也會不定期辦活動,週末假日來常有意外的驚喜。

泰國連鎖超市 Tops market 就在購物中心裡面

果醬、手標泰式茶、椰子油保養品、各類水果乾等，這些熱門的泰國伴手禮在 Central Plaza 都找得到

INFO

⌂ 13 99/9 Phahonyothin Rd, Tambon Rop Wiang, Amphoe Mueang Chiang Rai, Chang Wat Chiang Rai 57000

☎ +66-52-020-999

🕐 週一至週五11:00～21:00，週六、週日10:00～21:00

Maoyang Yakiniku & Bar
啤酒與燒烤的露天交響曲

① 以鐵皮搭建的店面,呈現出可愛又帶點懷舊的工業風 ② 不用花大錢也可以吃一頓豐盛的烤肉

　　在清萊鐘樓附近、Thanon Baanpa Pragarn 路上的 7-11 旁邊有一條小巷子,這裡有幾家小酒館跟燒烤店連在一起,形成一個戶外的露天酒吧,雖然沒有現場 live 演唱,但播放的音樂較為輕快,整體環境的氛圍非常放鬆。

　　簡約的工業風木頭桌椅,搭配鵝黃色的小燈泡,把用餐區域布置得很溫馨,燒烤與啤酒雖分屬不同店家,但都可以點在一起吃。太陽下山後的清萊鎮上,不論四季都有舒爽的晚風輕輕吹拂,在露天的場地聽著音樂、吃著燒烤,再來一杯啤酒簡直就是人生莫大享受。

　　整排酒吧的最盡頭是一家平價燒烤店──「Maoyang Yakiniku & Bar」,雖然肉質不是頂級的,但價格非常實惠,肉盤單點一盤的價格在 60 ～ 80 銖之間,份量很多,每天下午開始營業,5 點左右就有學生跟家庭客陸續湧進,到了 6 點就差不多客滿,生意非常好,前往用餐最好提前入座。

INFO

🏠 Phisit Sa Nguan Alley, Tambon Wiang, Amphoe Mueang Chiang Rai, Chang Wat Chiang Rai 57000

📞 +66-83-868-3000

🕐 週一至週日17:30～22:00 (Last order 21:45)

清萊回憶 | ร้านเชียงรายรำลึก
伴隨酒與歌曲一同陷入回憶

① 門口的戶外座位區時常可見西方遊客
② 晚上幾乎都有現場表演,氣氛很不錯

　　這間餐廳的名字取自同名泰國歌曲「清萊回憶」(เชียงรายรำลึก),歌詞內容講述一對戀人在清萊那晚共度的回憶,每天晚上清萊鐘樓燈光秀的時間,搭配的音樂也常常會出現這首歌,而餐廳的位置剛好就在鐘樓旁。

　　清萊的餐廳跟酒吧通常是在旅遊旺季的 11 月～ 2 月之間,或者週六週日晚上才會有 live 演唱,但「清萊回憶」是常態性都有現場表演的複合型餐廳,店內除了有各式各樣的泰式美食,也有啤酒跟酒精飲料。用餐空間很廣,室內室外的座位都有,西方遊客通常喜歡點杯啤酒坐在戶外座位,一邊聆聽現場演唱音樂,一邊欣賞清萊的街景。

INFO

🏠 Room 1 528/8-9,13-14 Thanon Baanpa Pragarn Rd, Tambon Wiang, Amphoe Mueang Chiang Rai, Chang Wat Chiang Rai 57000

📞 +66-82-574-5999

🕐 週一至週日09:30～23:30

Reggae Home & Bar
牙買加音樂主題酒吧

這是一間以雷鬼音樂為主題的酒吧，位置就在市中心、清萊夜市（Chiangrai Night Bazaar）斜對面小巷子裡。

一走進店裡，舉目都是象徵雷鬼音樂的紅黃綠 3 色旗，牆上理所當然也掛著雷鬼教父「巴布・馬利」的照片。這個源自牙買加、風行全世界的音樂曲風，其最迷人之處，就是重拍落在後半拍的節奏帶出一種慵懶、放鬆的氛圍，讓人忍不住跟著搖擺。店裡的裝潢隨興中帶著些微的粗獷，門前的吧檯座時常坐滿西方遊客，單行的旅人在這裡很容易就可以交到朋友，若是幾個朋友一起來，店裡也備有桌遊、疊疊樂等遊戲，可以一起同樂。

① 紅黃綠 3 色旗成為裝潢的主軸，很容易就可以看出這是一間雷鬼音樂酒吧
② 假日遊客較多或旺季的時候才有現場表演

INFO

⌂ 869/39 Thai Viwat Alley, Tambon Wiang Amphoe Mueang Chiang Rai, Chang Wat Chiang Rai 57000泰國

☏ +66-95-680-0672

🕐 週一至週日17:30～00:00

Dinner Late Cafe & Restaurant
溫馨天台眺望市容

① 小巧的一樓店面
② 從頂樓酒吧俯瞰市景
③ 酒吧位在 3 樓，走在路上很容易被溫馨的氛圍吸引目光

　　小而巧的天台酒吧，位在清萊市的主街上，整棟建築物有 3 層樓，但 1、2 樓不設座位，只設在半戶外的 3 樓天台，雖然酒吧沒有華麗的裝潢，但晚上行經於此時，總不免會被氣氛溫馨的天台吸引住目光。

　　從這裡可以居高眺望清萊市，沒有太多高樓的清萊市區，一下子就盡收眼底，點上一杯酒，由上而下看著路上人車來去，晚風迎面吹拂，Dinner late cafe&restaurant 是市區數一數二受歡迎的酒吧，座位又不是很多，如果是在旅遊旺季，隨時都看得到一樓入口掛上客滿的牌子，提早去比較容易有位置。

INFO

⌂ 881/2 Phaholyothin Rd, Chang Wat Chiang Rai 57000
☎ +66-87-558-1199
🕐 週一至週日18:00～00:00

達人帶路

來體驗按摩、泡溫泉
消除旅途疲勞的放鬆時刻

到泰國旅遊絕對不能錯過的就是正宗又便宜的泰式按摩，就像是被動式瑜珈一樣，只要輕鬆的躺著，就能透過泰式按摩達到全身筋骨的伸展，瞬間消除疲勞，甚至不少遊客認為，光是每天做泰式按摩，這趟旅程就回本了，是所有外國遊客趨之若鶩的主要觀光吸引力之一！

清萊也跟其他泰國旅遊城鎮一樣，到處都看得到按摩店，尤其車站附近的主街上最為集中，價格也很實惠，一個小時的泰式按摩約 200～300 銖之間，營業時間都是從早到晚，白天若是不想出門曬太陽，或是等車空檔太長，趁著這時候去做個按摩打發時間也是不錯的選擇。

按摩師的工資其實不高，按完之後如果覺得很滿意，不妨給按摩師一點小費聊表謝意（最低 20 銖，給紙鈔勿給銅板，以示禮貌），但如果對按摩品質不滿意也不需勉強，畢竟本來就有付按摩費用了。

清萊鎮上的按摩選擇很多，以下推薦 3 間比較有特點的。

Akha Ya Massage & Spa | อาข่าหญ่า
高 cp 值按摩體驗

位在清萊夜市對面的 Akha Ya Massage & Spa 是一間環境乾淨、價格實惠的高CP值按摩店，泰式全身按摩一個小時只要 200 銖，雖然在清萊街上大部份的泰式按摩都是這個價位，但 Akha Ya 在其中算是環境非常乾淨整潔的，一樓部分是腳底按摩區，泰式按摩跟其他全身式的按摩區域在二樓，可以在一個安靜放鬆的環境享受按摩。

INFO

⌂ 869 169 Phaholyothin Rd, Tambon Wiang, Amphoe Mueang Chiang Rai, Chang Wat Chiang Rai 57000

☏ +66-87-728-0228

🕐 週一至週日11:00～00:00

紅廟按摩 | วัดเชียงยืน มาสซาจ
只要 150 銖！在地人才知道的平價按摩店

清萊市區有一間紅廟（วัดเชียงยืน），廟本身沒什麼知名度，不過廟裡有一間很有特色的按摩店，這是一間非常 local 的店。上門的客人都以當地鄉親居多。店的範圍不大，設備也比較簡單，按摩種類不像街上的按摩店那麼多，不過基本的都有，而且價格非常便宜，一個小時的泰式按摩居然只要 150 銖！這在泰國簡直就是破盤價，雖然價格便宜、設備簡單，但按摩品質可是一點都不差，店內環境打掃得一塵不染，按摩師基本上都曾經在其他按摩店工作過，只是因為考量抽成比例跟上班自由度的問題，才選擇到這裡。外國客人不多，但店裡的人員都會簡單的英文，不用擔心溝通的問題。

INFO

⌂ 4 Sankhongluang Rd, Tambon Rop Wiang, Amphoe Mueang Chiang Rai, Chang Wat Chiang Rai 57000

☏ +66-81-679-0105

🕐 週一至週日08:00～19:00

Monmueng Lanna Massage I

มนต์เมืองล้านนา มาสซาจ

高品質按摩、身心全放鬆

① 接待區的擺設富有泰式宮廷風格 ② 泡腳池裡撒了玫瑰花瓣，更顯得浪漫

在清萊主街上普遍削價競爭的眾多按摩店裡，Monmueng Lanna Massage 是少數堅持高單價的異類，一個小時的泰式按摩，其他稍微貴一點的店家頂多 250 銖，但他們家卻要 300 銖，不過一分錢一分貨，敢這樣訂價確實有其道理，不管是環境還是按摩師的品質都值得這個價錢。

一般等級較低的按摩店會把接待櫃檯跟按摩區做在同一個空間，頂多圍個布幕隔開，按摩的同時會聽到許多交談的聲音，還有客人來來去去的聲響，無法真正放鬆。稍微好一點的按摩店只會把腳底按摩這種半身式按摩設在前台，但全身式的還是會在較安靜的房間，不過 Monmueng Lanna Massage 是徹底把接待空間跟按摩空間完全分開，不管進行哪種按摩都不會受到干擾，此外，按摩師的水準也比較平均，不容易遇到地雷，若幾個朋友一起去按摩，按摩期間彼此的按摩師也不會隨意閒聊，各個方面都有一定的要求，因此儘管單價高了一點，生意還是很好。

INFO

🏠 879 / 7-8 Phaholyothin, Wiang Subdistrict, Amphoe Mueang Chiang Rai, Chang Wat Chiang Rai 57000

📞 +66-53-711-611 🕐 週一至週日10:00～00:00

Pongprabaht溫泉 | น้ำพุร้อนโป่งพระบาท
鬧中取靜、在地價的泡湯好選擇

① 免費的戶外泡腳池
② 單人湯室一個小時 50 銖

　　清萊府境內有 5 個天然溫泉公園，散落在全府各處，若是從清邁參加清萊一日遊行程，通常會順道參觀清萊府南端、清邁清萊交界處的「Mae Kha Chan 溫泉」（น้ำพุร้อนแม่ขะจาน），不過這些地方觀光化程度太嚴重，周邊蓋滿了土產店，箱型車載著遊客一批一批的來，到處都是觀光客，而且離清萊市區太遠。

　　倒是市區北郊、黑廟附近的 Pongprabaht 溫泉是一個鬧中取靜、享受溫泉的好地方，這裡離清萊主要幹道「拍鳳裕庭路」約 2 公里，從市區騎摩托車一下子就到，還可以跟黑廟安排一起參觀。

　　溫泉分為戶外的公共泡腳池跟室內的湯屋。公共泡腳池可以免費使用，室內湯屋也不貴，大眾池一人 20 銖，單人室一個小時 50 銖，男女分開，打掃得很乾淨，但需自備毛巾。溫泉的水溫很高，每天都有告示牌公告當前溫度，然而不管春夏秋冬，都有不少當地居民跟婆婆媽媽來泡溫泉，促進血液循環。

　　公園內另附設一間按摩部，一小時的泰式按摩也是超便宜的 150 銖在地價，而且環境很不錯，位在一個半戶外的小花園裡，周邊沒有人車經過，既開闊又具有隱蔽性，生意很好，常常都是需要排隊的客滿狀態。

INFO

⌂ 486 Moo 6 Tambon Ban Du, Amphoe Mueang Chiang Rai, Chang Wat Chiang Rai 57100

☎ +66-53-150-676 ⏱ 週一至週日08:00～19:00

料理學校
做出道地泰國菜的體驗課程

學習做泰國菜是很受歡迎的泰國旅程之一，在清萊也有幾家不錯的料理學校，購買行程可以直接透過官網預訂，也可以到了清萊當地再透過旅行社預訂，或者直接向入住的旅館購買，因為清萊絕大部分的旅宿都結合旅行社功能，幾乎所有遊程、票券都有代理。

這些料理學校離市中心都有一小段距離，不過不用擔心，凡購買課程都會附贈免費接駁，去、回程可選擇在飯店或任何指定地點。

料理學校的課程非常豐富，從菜市場採買食材開始，老師會帶著學員到當地的傳統市場，一一介紹泰國食材，接著回到廚房實作，最後親自品嚐自己的成果。教學過程以英文進行，老師會盡量使用簡單清楚的辭彙，只要有基本的英文溝通能力就聽得懂，每一家料理學校都有官方網站，上面提供完整的菜單方案，購買之前先多加比較看看，選擇自己喜愛的菜色，基本上不需要提前太久預訂，約莫提前一兩天詢問即可。

① 開始做菜之前老師會帶著學員到菜市場採買食材 ② 最後的成品精緻得就像是餐廳裡的菜餚
③ 老師的教學深入淺出

各國遊客齊聚一堂學做泰國菜

1. Akha Kitchen Thai Cooking Class

地址　　網站

🏠 693/2 BanKonRat Road Soi 9, Tambon Rop Wiang, Amphoe
Mueang Chiang Rai, Chang Wat Chiang Rai 57000

📞 +66-90-331-8485 🕐 依開課時段為主

🌐 https://chiangraicookingclass.xyz/

2. Cooking With Ann

地址　　網站

🏠 73 Moo 20 Sahamit Road, Tambon Rop Wiang, Amphoe Mueang
Chiang Rai, Chang Wat Chiang Rai 57000

📞 +66-94-603-3863 🕐 依開課時段為主

🌐 https://chiangraicookingclass.xyz/

3. Suwannee Thai Cooking Class Chiangrai

地址　　網站

🏠 303 Moo 1, Den Ha-Dong Mada 6 Road, Hua Fai Subdistrict,
Mueang Chiang Rai District, Chang Wat Chiang Rai 57000

📞 +66-84-740-7119 🕐 依開課時段為主

🌐 https://www.thaicookingclasschiangrai.com/

Chapter

05

清萊必買禮物、
必吃美食

到一個地方旅行，
購買當地的伴手禮也是一種藝術。
從清萊本地特產的咖啡、茶葉入手，
獨特的手工藝品也值得收藏。
逛累了還能坐下來品嘗道地的泰北口味，
從食材的類別到高人氣店家推薦，
滿足味蕾與心靈，超實用資訊，不容錯過。

特色伴手禮精選

超獨特好物買到停不下來

盛產咖啡、茶葉的藝術大城清萊，在地美食非常多元，伴手禮有吃、喝、玩、樂、用等多種類別實在讓人眼花撩亂，不過別擔心，以下整理 8 樣必買伴手禮，讓你在有限的旅程裡，購入最滿意的禮物！

Tanaka
讓皮膚細嫩、有效美白防曬的粉末

曾經在泰北旅遊的人，可能會看過當地女性在臉上抹著白色的粉末，這種白色的粉末是由一種叫作「Tanaka」的樹磨出來的，中文叫黃香楝樹。將此樹的木塊在石板上加點水研磨會變成細白的粉末液，而且會散發天然清香，聽她們說有防曬、美白、抑制青春痘、使肌膚細嫩的功效。

泰國的藥妝店都有賣一罐一罐磨製好的，但如果會不放心是否有其他添加物，在美塞市場這邊有賣傳統的木塊跟石板，可以回家自己做純天然的 Tanaka，很有意思，價格也不是很貴，有各種不同尺寸，Tanaka 一小塊就可以用很久，但是石板建議買大一點比較好磨。

① 美塞市場的 Tanaka 木塊與石板 ② 小小一塊就可以用很久

茶葉
廣受喜愛的人氣茶不可錯過

　　清萊有許多茶園，尤其像美斯樂這樣的華人村子又更多，其中不乏台灣人到清萊開設茶廠。以台灣人的技術跟國際藥檢標準生產出來的茶葉，其實大部分還是外銷為主，不過仍有一些觀光茶園會販售自家栽種的茶葉，紅茶、綠茶、烏龍茶等各式茶種都有，美斯樂的 101 觀光茶園、美沾的翠峰茶園都是相當具有人氣的觀光景點，他們的茶葉也做成許多精美商品，廣受觀光客喜愛。

① 美斯樂茶市的茶葉 ② 翠峰茶園的商品種類豐富 ③ 天元茶莊有多款風味茶包

泰北炸豬皮、各式咖哩醬包
想念的好滋味

　　清萊市區有許多伴手禮店，尤其集中在鐘樓周邊，裡面販賣的都是清萊的特色食品，或者各地農產品製成的商品與零食。香脆好吃的泰北炸豬皮是每個到泰北旅遊的遊客忘不了的好滋味，他們甚至會研發各種口味的炸豬皮，就好像在吃洋芋片一樣，而且比洋芋片更好吃，一口接著一口停不下來，伴手禮店就有各式炸豬皮可以選購。

　　不過要特別注意喔！為了配合政府的防疫禁令，肉類製品請勿攜帶回國，在清萊盡情地吃個夠就好了。至於如果愛上清萊的泰北咖哩麵跟番茄豬血米線，又怕回國吃不到這兩種特色麵食的話，伴手禮店也有賣 2 種麵的咖哩醬包，是只有清萊才有的口味，非常推薦買回去跟家人朋友分享！

① 令人難忘的泰北麵食，可以買咖哩包回台灣自己做
② 酥香炸豬皮，比洋芋片更好吃

少數民族手工藝品
特色紀念品價格實惠

　　清萊山區各部少數民族都有自己的手工藝品，大多是頭飾、耳環、項鍊、手環等，或者是木雕、手工包包、少數民族風的衣服，在山區各個有少數民族村落的景點都可以看到，美斯樂上面有很多阿卡婦女穿著傳統服飾販賣自家手工藝品，市區的清萊夜市也有不少攤，少數民族村裡更是可以一次看到不同部族的作品，價格實惠、風格獨特，不但買到特別的紀念品，又可以增加這些少數民族的收入。

① 阿卡銀手環飾品 ② 瑤族傳統服飾

仿古鴉片用具
造型獨特的復古小物

　　曾是金三角毒品重鎮之一的清萊府，過去也存留了許多鴉片的歷史，探訪這段歷史除了可以到清盛參觀鴉片博物館，還可以從伴手禮店的各種仿古鴉片用具擬想當時的景況。

　　清盛鴉片博物館的紀念品店有賣跟鴉片有關的仿古小物，美塞關口前市場有幾家店的種類更豐富，有古色古香充滿中國風味的水煙壺、大煙管，還有比較特別的鴉片砝碼。以前秤鴉片的砝碼會做成動物的造型，諸如雞、猴子、那迦蛇之類的，不同的動物代表不同的重量，直到現在緬甸鄉下的一些菜市場攤販，仍然使用這類砝碼進行買賣。美塞這邊店家賣的鴉片砝碼有些是仿製，有的是正規製作的，質感跟價格都不同，正規砝碼以銅鑄成，小小一隻造型很特別，可以當紙鎮或擺飾。

① 中國風水煙壺 ② 金屬製小煙斗 ③ 仿古鴉片砝碼，價格便宜，但材質較差重量也不符合正規
④ 小竹簍，造型可愛，可當收納盒使用 ⑤ 古董鴉片砝碼，以純銅製成，重量符合規制，但價格較高

咖啡
送禮的最佳選擇！

　　咖啡絕對是清萊最有人氣、最具代表性的伴手禮之一。海拔 1200 ～ 1600 公尺高的清萊山區，在政府的農業部指導下，開拓了廣大的咖啡農田，品質優良的阿拉比卡咖啡豆成為清萊的重要資產。市區內舉目可見咖啡館，城郊的咖啡產地就更不用說了，這些當地特產的咖啡豆在烘焙商愈來愈多、烘焙品質愈來愈好的今天，通通變成精美的咖啡禮品，每家咖啡館或烘焙商都做出自己獨特的風味，是清萊伴手禮的絕佳選擇。

① 咖啡除了可以喝，還可以做成肥皂等不同的產品
② 清萊到處都是自產自售的獨立咖啡小品牌，每家都有自己的特色

草本茶
好喝又精美的花草茶

　　茶葉之外，清萊也產出很多無咖啡因的草本植物茶，最廣為人知的當屬蝶豆花，花青素豐富的蝶豆花泡出來是夢幻的藍色，加檸檬之後還會變成紫色，是近年來當紅的飲品。還有香氣撲鼻的香茅、提神醒腦的薄荷、酸酸甜甜顏色像紅寶石一樣漂亮的洛神花、微微甘甜的木橘果，全部都可以做成花草茶包。

　　清萊各大商圈或清萊夜市周邊的攤販都可以找到草本茶、其中 Sawanbondin Farm & Home Stay 自有品牌的草本茶包裝精美，質感最好，在他們自己的門市跟清萊其他伴手禮店都買得到。

① 無咖啡因又帶有清甜香氣的花草茶，既養生又好喝
② 在 Chei 咖啡館寄賣的 Sawanbondin Farm & Home Stay 的花草茶包

手工陶瓷器皿
具藝術感的獨特商品

　　市區北郊的陶瓷工作坊兼陶器美術館 Doy Din Dang Pottery 製作的各種大小陶器都具有高度美感，像這樣品項齊全又兼具現代藝術感的手作陶器作坊在泰北並不多見，但是在清萊，有些精心設計或等級較高的餐廳、旅館為求獨特性，也會向他們購買餐具，以便與工廠大量製作、沒有溫度的普通餐盤作出區隔。

　　小件的器具例如燒酒杯、咖啡杯、碗跟盤子等都是很適合送人的，因為是手作，每件商品都是獨一無二，不會與人重複。

① Sawanbondin Farm & Home Stay 的手作陶器 ② Doy Din Dang Pottery 的杯子物美價廉

大啖道地美食

吃出千變萬化的在地滋味

從米線、雞蛋麵、寬粿條等必吃的麵食類別,烤肉串、河魚料理到小火鍋,清萊在地美食十分多元,食材豐富,一定讓你大呼過癮。

番茄豬血米線 | Nam Ngiow | น้ำเงี้ยว
具代表性的酸辣滋味　●哪裡吃:市區、清萊府全境

　　將乾辣椒、紅洋蔥、香茅、蒜頭等各種辛香料舂成的咖哩醬炒香,混和豬大骨、雞爪熬製的高湯,再加上曬乾的木棉花蕊、絞肉、豬血與小番茄熬製湯頭,淋在米線上,就是一碗風味獨特的番茄豬血米線,吃的時候加上一點酸菜、生豆芽、九層塔以及泰北炸豬皮,最後擠上檸檬汁拌在一起,酸酸辣辣的其滋味更是無窮。

　　Nam Ngiow 的麵條一般有 2 種選擇,分別是米線(ขนมจีน)跟寬粿條(เส้นใหญ่),米線較細口感偏軟,寬粿條富有彈性,可依自己的喜好選擇,但如果沒有特別跟店家註明的話,預設的麵條為米線。湯頭一般是連同咖哩一起燉的濃湯,另有些店家做的是清湯口味,亦即把咖哩炒得乾一點,像肉燥那樣,吃的時候舀一勺肉醬在麵上,再淋上清高湯。

　　這是相當具代表性的清萊在地美食,到處都看得到專賣 Nam Ngiow 的店家,每家的風味略有不同,各自擁有許多忠實顧客。

① 寬粿條吃起來有嚼勁 ② 細米線能吸附更多的湯汁 ③ 清湯番茄豬血米線味道清爽無負擔

泰北咖哩麵 | Khow Soy | ข้าวซอย
香甜不辣口的必吃美食　🍴 哪裡吃：市區、清萊府全境

　　咖哩麵是泰北特有的一種麵食，在清邁尤其普遍，是泰北旅遊必吃美食。口味跟番茄豬血米線比起來溫和很多，用炒香的咖哩醬製成的湯底，由於加入了椰奶跟椰糖，使得刺激的辛香料變得一點都不辣口，甚至喝起來帶有甜味，即使是不敢吃辣的人也沒問題，麵條使用雞蛋麵，但有 2 種不同的做法，煮熟的麵放在湯裡，炸成酥脆的麵灑在上面增添香氣，吃的時候可以把炸麵拌進湯裡吸收湯汁，主菜大多搭配燉得軟嫩的雞腿肉，吃起來非常入味。

① 一般的泰北咖哩麵普遍都是雞肉口味 ② 在某些清真餐廳可以吃到牛肉口味的泰北咖哩麵

茶葉料理
帶著誘人茶香的各式甜美　🍴 哪裡吃：翠峰茶園、美斯樂、帕黨

　　清萊山區盛產茶葉，在美斯樂跟帕黨等雲南人的村子裡，有不少餐廳都有提供茶葉料理。美沾的翠峰茶園更是以無限的創意將茶葉料理發揮到極致，清香的烏龍茶與綠茶可製成飲品、冰淇淋、千層蛋糕、太妃派、奶油蛋糕卷、綠茶饅頭、茶葉天婦羅、茶葉沙拉……等，風味別緻，值得一嚐。

以茶葉做成的各式蛋糕

阿卡族料理
享受原汁原味的阿卡餐
🔘 哪裡吃：美塞的磐明村跟磐禧村都是阿卡族村落，也是熱門觀光景點，很多人賣阿卡餐

生活於山區間的少數民族資源有限，不像泰族那樣發展出豐富多變的菜系，阿卡的飲食風格簡單又自然。最常出現在阿卡家庭餐桌上的菜色就是各式山野菜沾自製辣椒醬生吃，野生的蜂蜜、竹子裡的竹蟲、隨意獵捕到的雉雞，經過簡單的烹煮就是他們的大餐。市區的阿卡餐廳不多，但有阿卡做菜學校，可以學習並品嘗阿卡風味。美塞的磐明村上有專賣阿卡菜的餐廳，竹製的碗盤，以芭蕉葉代替桌巾，就著小凳子圍在矮圓桌邊用餐，饒富野味風情。

饒富野味的天然餐具是阿卡料理的一大特色

雲南料理
醃菜炒肉、鮮甜烏骨雞、紫米粑粑非吃不可
🔘 哪裡吃：美斯樂、帕黨等雲南村家家戶戶都是專賣雲南菜的餐廳，紫米粑粑在美塞的市場，
　　或是清萊市區週六、週日夜市也看得到

泰北的國民黨孤軍是當年雲南省的 93 師部隊，因此在清萊的華人多為雲南裔，尤其在美斯樂跟帕黨隨處可見雲南餐廳。

雲南菜色裡最讓人無法忘懷的就是酸酸辣辣的醃菜，而醃菜炒肉是必點的經典菜，下飯的程度完全不輸泰國的打拋。另外雲南豬腳也是招牌菜色，還有山上放養的烏骨雞肉質鮮甜，炒薑片或燉湯都好吃。烘烤得焦香黏軟，再搭配花生芝麻粉的紫米粑粑則是雲南甜品代表。

① 剛烤好的紫米粑粑 Q 軟黏牙非常好吃 ② 山上的烏骨放山雞肉質鮮甜 ③ 蠔油炒蔬菜也是常見菜色

蒸米皮餡卷 | Khow Soy Noy | ข้าวซอยน้อย
料實味美的Q軟口感令人回味

🍴 哪裡吃：美塞的巷弄裡、清萊市區的週六週日夜市

研磨過後的米漿倒進圓型的模盤裡，再依個人喜好選擇蔬菜、香腸、蟹肉棒、雞蛋等配料，放進蒸鍋裡數分鐘，一份可口的 Khow Soy Noy 就完成了！吃起來的感覺就像春卷＋港式腸粉，若不想要配料，也可以單點蒸米皮（แผ่นข้าวซอยน้อย）沾醬料吃，有的店家還會在米漿裡面撒韭菜或蔥花，柔嫩 Q 軟的米皮搭配香辣的花生沾醬，光是這樣就很過癮！

專賣 Khow Soy Noy 的店家主要都在美塞，一份的價格根據餡料豐富或簡單落在 20 ～ 40 銖之間，有些店家不給選料，會主動配好，沒有包餡的蒸米皮一片大概 2 ～ 3 銖，賣法以 10 銖為單位，點的時候告知要 10 銖，還是 20 銖、30 銖。清萊市區比較少見 Khow Soy Noy 專賣店，不過還是可以在菜市場或夜市的攤子看到。

① 蒸米皮餡卷用料豐富
② 沒加料的蒸米皮沾著店家調製好的醬料也好吃

美塞有些以在地人為主要客群的攤子英文程度都不太好，以下提供泰文單字以利點餐，數字部分就以肢體語言溝通吧！

中/泰文菜單對照	
蒸米皮餡捲	ข้าวซอยน้อย
蒸米皮	แผ่นข้าวซอยน้อย
不要加辣	ไม่เผ็ด
買單	เช็คบิลด้วยค่ะ / ครับ

酪梨奶昔
純天然的濃郁香味　💧哪裡喝：市政黃昏市場、清萊市區週六週日夜市

　　泰北有本土自產的酪梨，到了產季市場上到處都是賣酪梨的攤子，除了買回家做料理，他們也喜歡打成酪梨奶昔喝，清萊的酪梨奶昔冰塊量比較多、奶量適中，喝起來既有濃郁的香味，又不至於太過濃稠，不會一下子就飽，還可以搭配其他小食一起吃，價格也很實惠，大約30銖就一大杯。

當地生產的酪梨，價格實惠

湄公河魚
烹煮成泰式酸辣湯更美味　💧哪裡吃：清孔的餐廳

　　湄公河在清孔流域盛產一種河魚，中文叫孔明魚，成魚很大，身長可達2公尺，皮層膠質豐富、肉質厚實但富有彈性，鮮嫩不澀，不管煎煮炒炸都適宜，最受當地人推崇的做法是煮成河魚泰式酸辣湯（Tom Yam），而跟辛香料一起油炸過後，表皮變得焦香酥脆，肉身甜美多汁也非常好吃，清孔幾乎每一家餐廳都有河魚料理，是只有這裡才吃得到的限定美味。

膠質豐富的河魚，最適合做成泰式酸辣湯

泰北炭火小陶鍋
清爽甘甜的煲湯料理　💧哪裡吃：清萊夜市

　　非常有特色的小火鍋，使用炭火作為火源，炭爐上架著小陶鍋慢慢煮，可以優閒地享用，相當具有情調。雖然是泰國料理，但湯頭卻意外地清澈甘甜，不是濃稠的咖哩湯底，而是用各種蔬菜跟香料植物熬煮的清高湯。配料主要有雞肉片、豬肉片或海鮮，搭配綜合蔬菜盤，以及冬粉、蟹肉棒、雞蛋等火鍋料，煮完所有材料後，用最後甜美的高湯煲出來的粉絲最好吃了。

圍著炭爐優閒地吃火鍋

麻辣燒烤
無論多飽都想再吃的下酒菜
🍴 哪裡吃：清萊市區、週六週日夜市、清萊全境各村鎮

泰國常見的烤肉攤醃醬偏甜，選擇也不多，只有豬肉串、雞翅、雞腿、烤魚，吃了容易膩也容易飽。然而麻辣燒烤是一種由中國人傳過來、進而在地化的泰國美食，顧名思義口味非常辣，有些店家即使要求他們不要加辣，吃起來仍是台灣的小辣至中辣程度。食材在選擇上十分豐富，有雞肉、豬肉、各式內臟、魷魚、螺肉、杏鮑菇、秋葵、玉米筍等，用竹籤串成一小串一小串，每串價格 5～10 銖，有時候還會買 10 送 1。

在清萊到處可以看到賣麻辣燒烤的店家，路邊攤跟店面都有，週末夜市裡也有好幾家，不管有沒有吃過正餐，肚子裡絕對都還有空間留給麻辣燒烤，要是在店裡吃，還可以來幾瓶啤酒跟三五好友一起聊聊天。

清萊隨處可見的麻辣燒烤是下酒良伴

Miang Kham | เมี่ยงคำ
酸甜鹹香的小食只吃一口絕對不夠 🍴 哪裡吃：清萊週六週日夜市

這是泰國跟寮國的傳統小吃，其名字的意思是：「用葉子包起來可以一口吃下去的食物」，外表乍看之下很像檳榔，但吃起來的味道卻南轅北轍地好吃！

Miang Kham 的做法很簡單，就是用假蒟的葉子，在裡面各加入一小匙的椰糖、檸檬、紫洋蔥、薑、蒜、蝦米跟辣椒，包起來串在一起，一口一個這樣吃，裡面的包料甜鹹酸辣都有，但加在一起卻一點都不突兀，不敢吃辣也可以要求不加。以蝦米跟洋蔥的鮮味打底，椰糖溫潤而檸檬清香，有加辣椒的話味道會更豐富，全部跟口感飽滿的假蒟葉一起混著吃，非常好吃！

Miang Kham 層次豐富的滋味令人難忘

161

清萊用餐選擇

體驗不同的飲食場域

清萊美食種類眾多，用餐場所的選擇也十分多元，無論你是想感受浪漫放鬆的氣氛，吃盡清萊最道地的小吃，或是想知道在哪裡能從早吃到晚，以下都幫你整理好啦！

夜市
想吃什麼這裡通通都有

清萊幾個主要的夜市，飲食種類都很豐富，甜點、小吃、飲料、冰品、燒烤、飯麵餐食，幾乎可以滿足所有的需求，而且清萊的夜市都設有戶外用餐座位區，就算是無法邊走邊吃的美食，也可以在夜市裡好好享用。由於外來觀光客眾多，夜市攤販的英文溝通能力普遍較好，也會標註明確的英文資訊。

各種傳統與創新的小吃都在夜市裡

市場
品嚐有趣又實惠的熟食

品嚐菜市場的熟食是體驗當地飲食生活最好的地方，尤其最推薦市政黃昏市場，不過缺點是沒有內用座位區，只能外帶，如果是住青年旅館通常都有提供餐具給房客使用，飯店的話需主動詢問櫃台。市場熟食是最實惠又最有趣的用餐選擇，適合單人旅客，價格非常便宜，還能均衡補充大量蔬果。

傳統市場就像在地人的廚房

餐廳
吃到物超所值的精緻料理

　　餐廳的菜色跟小吃店有明顯的差別：小吃店以飯麵為主，餐廳則提供較完整的泰北料理，而且餐廳的烹調技術比起街邊美食跟小吃店也精緻許多、用餐環境比較高級舒適，若是親朋好友多人一起旅遊，很推薦到餐廳點合菜吃，當然價格會比平民美食高，可是跟台灣的物價比起來還是很實惠，味道上也是物超所值。

舒適的用餐環境與美味的料理

咖啡館
享受浪漫慵懶的飲食氛圍

　　泰國的設計產業發達，他們把生來熱情浪漫的民族性都發揮到設計的天賦上。在清萊到處都是美輪美奐的咖啡館，有戶外庭園風、自然叢林風、美式普普風、簡約工業風、雜貨風、小清新藝文風，各式各樣的設計質感都有，而且還有好喝的咖啡跟美食。在一間漂亮的咖啡館用餐，時間總是不知不覺就過去了，而且這種慵懶舒適的氛圍，總是讓人酒足飯飽了卻還不想走。

特色咖啡館也是用餐的好地方

路邊攤、小吃店
隱藏版平民美食大集合

　　清萊的路邊攤跟小吃店只有少數是從早營業到晚的，一般不是賣早上就是賣晚上，做早上的大多是早餐時間賣到下午3、4點，做晚上的則是下午5點一直賣到凌晨，餐飲種類也不太一樣，如果有想去吃的店家，一定要先查清楚營業時間。

平價實惠的美食都在小吃店

　　很多店家往往都只有泰文招牌，沒有英文，但實際入內詢問，幾乎都備有英文或圖文菜單，有時候甚至還有中文的，就算語言不通，他們也會很熱情就著攤上所擺的食材，比手畫腳跟外國遊客溝通，所以對於感興趣的店家千萬不要因為招牌只有泰文就卻步，清萊很多真正好吃的平民美食都是在小吃店裡。

推薦店家一定要試試
走過不要錯過的精選美食

到清萊旅行，這些店家各具有特色，道地美食種類多元、滋味讓人難忘。現在不藏私公開外國旅客趨之若鶩的高人氣店家，以及在地人最愛的口袋名單！

Nam Ngiao Pa Suk | น้ำเงี้ยวป้าสุข
當地人最愛的香濃麵食

　　說到清萊生意最好、最受當地人喜愛的 Nam Ngiao，那絕對非 Nam Ngiao Pa Suk 莫屬！不管是泰國的電視節目、youtuber 或部落客，只要介紹清萊旅遊，就一定會推薦。

　　Nam Ngiao Pa Suk 不在市區的中心地帶，步行前往的話甚至還有點距離。這是一間普通的店面、招牌也不特別醒目，不仔細看有時候會走過頭，可是這麼一間不起眼的小店，在營業時間內任何時候去用餐，店裡時常都是爆滿的狀態，而且幾乎都是當地人，鮮少看見外國遊客。

　　Nam Ngiao 的麵料一般是豬排骨或豬絞肉，少數會加入雞爪，Nam Ngiao Pa Suk 比較特別的是還有牛肉口味，而他們如此受當地人喜愛的原因是肉的份量夠多，而且肥肉比例大、油脂豐富，辣度方面也是中高等級，符合當地人喜歡的口味。

　　如果想嘗試一下在地口味，一定要去試試看，不過偏油的湯頭可能不見得會受台

灣人青睞。由於 Nam Ngiao Pa Suk 光是做泰國人生意就忙不過來了，所以店內沒有英文菜單，店員的英文能力也不好，所以下面附上泰文單字，大家可以對照點餐。

① Nam Ngiao Pa Suk 的絞肉份量很多
② 將酸菜、生豆芽、炸豬皮等配料一起加進來更好吃

中泰文單字對照表

Step 1
選擇肉類
 豬肉 หมู
● 牛肉 เนื้อ

Step 2
選擇麵條
● 米線 ขนมจีน
● 寬粿條 เส้นใหญ่

Step 3
選擇份量
● 普通 ธรรมดา
● 大碗 พิเศษ

Step 4
選擇加點
 炸豬皮 แคบหมู
炸豬皮通常一小包
一小包賣，需另外加點。

Step 5
選擇買單
 เช็คบิลด้วยค่ะ/
ครับ

INFO

⌂ 197 Sankhongnoi Rd, Tambon Wiang, Amphoe Mueang Chiang Rai, Chang Wat Chiang Rai 57000

☎ +66-53-752-471　🕐 週二至週日 09:30～14:00，週一公休

$ Nam Ngiao 35～45銖

Nam Ngiao Pa Nuan | น้ำเงี้ยวป้านวล
Phang-nga Restaurant | อาหารญวนพังงา
彷若在森林裡用餐

① 門口的老樹氣根盤延，像是走進了森林
② 越南式月亮蝦餅
③ 招牌 Nam Ngiao

　　這間不是 Nam Ngiao 專賣店，其主要是越南料理餐廳，只不過同時也有賣 Nam Ngiao，所以有雙店名。他們的 Nam Ngiao 番茄放得比較多，茄酸味明顯；豬絞肉的肥肉比例低，湯頭沒有那麼油，吃起來爽口，辣度方面算中下，整體口味偏受外國遊客與當地的中產階級喜愛。

　　用餐環境也比較偏向餐廳，有服務生負責點餐，還有全英文的圖文菜單本，餐廳布置風格很特別，一進門就在前庭看到一棵氣根盤延的老樹，像是走進了森林裡，室內的牆上掛滿了老闆的私人收藏品，有越南女子的畫、黑廟作者的畫、吉他、皮革小飾品，還有古董級的西方歌手的錄音帶，乍看之下雜亂無章，但又亂中有序自成風格，非常有意思的一家店。

INFO

⌂ 50 Sanpanard Soi 2, Wiang Chiang Rai, Mueang Chang, Wat Chiang Rai 57000

☎ +66-85-829-1212　🕐 週一至週日09:00～17:00　$ Nam Ngiao 30-40銖

Po Jai | ร้านโพใจ
順口清爽的滋味圈粉許多忠實顧客

① 據說老闆娘是白廟作者的母親，店內掛滿了他的畫作
② Po Jai 的泰北咖哩麵可選擇不同配料
③ 清湯口味的 Nam Ngiao

　　鐘樓附近的 Po Jai 麵店，他們的 Nam Ngiao 是比較特別的清湯 Nam Ngiao，肉的部分使用瘦肉絲，吃起來高湯味跟肉醬味的比例很平衡，較為順口，麵條不像一般 Nam Ngiao 專賣店那樣只有細米線跟寬板條兩種類別，而是比照普通麵店，另有雞蛋麵、白麵、米粉可以選擇。所以以正統性來講，他們的 Nam Ngiao 跟一般的很不一樣，不過依據之前帶朋友去吃的經驗來看：四川人會比較喜歡濃湯 Nam Ngiao，香港人跟台灣人則偏好 Po Jai 的口味，各有所長。

　　Po Jai 除了 Nam Ngiao 也有賣泰北咖哩麵、泰北香腸，味道都很不錯，在當地擁有不少自己的忠實顧客，而且聽說老闆娘是白廟作者的媽媽，店裡的牆上也掛滿了白廟作者的畫作，店內提供完整圖文菜單，選擇麵條也可以直接指給老闆看，點餐免煩惱。

INFO

🏠 1023/3 Jetyod Rd, Mueang Chiang Rai, Amphoe Mueang Chiang Rai, Chang Wat Chiang Rai 57000

📞 +66-53-712-935　🕐 週一至週日08:00～16:00　💲 Nam Ngiao 40銖

Pad Thai Clock Tower | ผัดไทยหอนาฬิกาเชียงราย
邊品嘗美食邊欣賞鐘樓燈光秀

① 海鮮泰式炒河粉料多味美
② 夜晚美麗的鐘樓近在眼前

　　大部分賣 Nam Ngiao 的都屬於早上的店，晚上要吃到 Nam Ngiao 不容易，不過 Pad Thai Clock Tower 就是特例。這是一間生意很好的路邊攤，傍晚才開始營業，位在清萊鐘樓圓環的路口轉角，由於店面位置可以近距離欣賞到鐘樓，加上食物非常美味，每天晚上都吸引大批的客人到此用餐。

　　店裡的招牌食物其實是泰式炒河粉（Pad Thai），不過也有賣另外兩種泰北經典麵食：Khao Soy 跟 Nam Ngiao，還有炒飯跟炸薯條炸雞翅之類的小點心，整體用餐環境舒適休閒，人潮跟夜市那區比起來少一點，是非常適合三五好友聚餐飲食的地方，晚上鐘樓燈光秀時間也可以直接就著美食欣賞。

　　Pad Thai Clock Tower 的 Nam Ngiao 口味中上，跟白天那些專賣店比起來雖無特殊之處，但依然很好吃，不過最推薦的還是他們的炒河粉。原先從路邊攤起家，因為生意太好，現在已經在斜對街開二店了，二店是店面，菜單也比較豐富一點。

INFO

⌂ 225 Wiang Mueang Chiang Rai District, Chiang Rai 57000
☏ +66-81-879-2526　🕐 週一至週日18:00～22:00
$ 各式飯麵35銖起

Rosprasert Muslim Food | รสประเสริฐ ฮาลาล
品味印度香飯的濃郁咖哩香

① 份量充足的印度香飯
② 牛肉口味的泰北咖哩麵
③ 各種炒菜與咖哩

　　清萊的穆斯林不少，在清萊市區就有一間雲南清真寺，清真寺周邊有好幾家穆斯林小吃店，其中這家 Rosprasert Muslim Food 環境乾淨、食物美味，網路上的評價也不錯，甚至連 lonely planet 都有介紹。

　　值得推薦的餐點有印度香飯（biryani／ข้าวหมกไก่），將薑黃、番紅花、白豆蔻、月桂葉等香料跟米一起煮，再加上咖哩燉煮的肉所製成的印度香飯，源自於印度、巴基斯坦等地，今日已慢慢傳到東南亞，在泰國也成為清真小吃店的菜色之一。另外還有牛肉口味的泰北咖哩麵（Khao Soy），雖然比較少見，但跟一般常見的雞肉口味比起來，絲毫不遜色。如果不想吃固定的飯麵的話，他們也有像自助餐炒幾道菜的選項，可以點個白飯再點喜歡的配菜，不敢吃辣的人得要事先詢問菜色的辣度，不然一淋到飯上就來不及了。

INFO

⌂ 407/7 Isaraparb Rd, Tambon Wiang, Amphoe Mueang Chiang Rai, Chang Wat Chiang Rai 57000

☏ +66-53-715-296　🕐 週一至週日06:00～17:30　$ 印度香飯60銖

米那稀飯 | ข้าวต้มมีนา
香氣逼人的蠔油爆炒茄子非吃不可

① 爆炒茄子吃過的都說讚 ② 酸梅蒸魚吃起來清爽可口 ③ 木耳炒蛋看似簡單，味道卻不簡單
④ 來一盤辣炒海瓜子可以多吃好多碗飯 ⑤ 炸魚滷肉等都是點了馬上可以上菜的料理

　　泰國飲食受外國文化影響很深，其中也反映了許多中式元素，潮州料理就是其中一個顯著影響泰國飲食的菜系，這間店賣的就是潮州菜色，規模介於餐廳跟小吃店之間，形式則介於清粥小菜跟快炒店之間，下午開始營業至半夜。店裡主要賣清粥、白飯跟各式快炒，味道非常好吃！是一間值得大力推薦的餐廳！

　　米那稀飯的菜色很合台灣人胃口，有蒸燉的苦瓜排骨湯、酸梅蒸魚、加肉燥的古早味蒸蛋、鹹魚炒芥藍、辣醬海瓜子、黑木耳炒蛋等各式各樣與台灣家常快炒口味相似的菜色，當然也有其他具有泰北風味的料理，其中特別推薦炒茄子。泰國當地獨特的綠色茄子，加上蠔油等調味料大火爆炒，其鍋氣十足的滋味簡直一絕。最方便的是店裡有中文圖文菜單，點餐完全沒問題。

INFO

🏠 685/1 Phaholyothin 1 Phahon Yothin Road Tha Sai, Amphoe Mueang Chiang Rai, Chang Wat Chiang Rai 57000

📞 +66-53-716-088　🕐 週一至週日17:00～22:00　💲 各式快炒60～150銖

粥品 | Nan Ta Gaa | โจ๊กนันทกา
豐富又美味的皇帝粥

在泰國，稀飯（ข้าวต้ม）是指還看得到完整米粒的那種，或大部分時候指的是湯泡飯，但粥（โจ๊ก）就是把米打碎，煮成糊糊的完全看不到米粒，這也是一種將中式飲食內化成泰式飲食的典型代表。

上面鋪滿 3 種蛋，挖開來還有滿滿肉片的皇帝粥

泰國的粥店很多，Nan Ta Gaa 是一間在清萊鐘樓附近的粥店，口味很多，可以自己選擇加入雞肉、豬肉、內臟、魚片或蝦等，價格也很便宜，光是蛋就有 3 種選擇：溫泉蛋、皮蛋、鹹蛋，不管怎麼加都很好吃，有趣的是，3 種蛋都加的粥他們叫做「皇帝粥」，可能是營養太豐富了，才取這種名字吧！另外也有賣湯麵跟稀飯（湯泡飯），牆上貼有大大的中文圖文菜單，可以直接看著牆面手指點餐。

INFO

⌂ 428/8 Thanon Baanpa Pragarn Rd, Tambon Wiang, Amphoe Mueang Chiang Rai, Chang Wat Chiang Rai 57000

☏ +66-83-200-4063　🕐 週一至週日06:00～13:00、16:00～22:30　$ 30～50銖

Nakhon Pathom Restaurant | ร้านนครปฐม
各種泰國飯麵通通有

集合了各種泰國最常見的飯麵種類，Nakhon Pathom Restaurant 是一家只賣早餐跟午餐的小吃店，就在清萊夜市斜對面，生意非常好，尤其正餐時間常常一位難求，菜單種類豐富，有海南雞飯、烤鴨飯、豬腳飯、叉燒乾拌黃麵、雞肉湯麵、鴨肉湯麵等，店裡有英文點菜單，由於位在觀光客聚集的區域，常有外國客人上門，員工也都會簡單的英文。

每顆米粒都吸滿高湯的海南雞飯

INFO

⌂ 869 / 25-26 Phaholyothin Rd, Wiang Subdistrict, Mueang Chiang Rai District, Chang Wat Chiang Rai 57000

☏ +66-53-713-617　🕐 週一至週日07:00～14:00　$ 各式飯麵50～60銖

咖哩蓋飯 | ข้าวราดแกง
一碗接著一碗的超下飯料理

　　泰文的 ข้าว 泛指米或麥之類的穀物，絕大多數的情況下當「米飯」使用，ราด 是動詞，表示淋或澆蓋，แกง 則是咖哩，因此 ข้าวราดแกง 在字面上就是咖哩飯的意思。傳統的 ข้าวราดแกง 也確實就是在米飯上淋各種不同的咖哩，不過慢慢發展到後來，店家除了咖哩之外，還會炒幾道不同的菜供客人選擇，變得有點像是我們的快餐店或便當店的感覺。

　　點餐的方法就是先告知要 1 樣菜、2 樣菜或 3 樣菜，然後再現場選菜，樣數不同價格也不同，有些比較貴的食材比如蝦子，可能無法作為選菜，只能單點，這種快速、方便的用餐方式，尤其適合單人旅行者。

　　在清萊或者泰國隨處都可以看到賣咖哩飯的店，就跟我們的便當店一樣普遍，清萊鐘樓附近有 3 家咖哩飯，口味都不錯，菜式的樣色也很豐富，只是泰國菜的味道都太下飯，常常白飯吃完了還剩了一些配菜，所以要是覺得白飯太少也可以額外加點一碗飯。

① 咖哩飯的菜色豐富，就像台灣的自助餐
② 開胃的菜色很下飯，吃不夠就再多點一碗吧

Phetchaburi Restaurant
ร้าน เพชรบุรี

INFO

⌂ 421 / 6-7 Ban Prakan,
Tambon Wiang, Amphoe
Mueang Chiang Rai, Chang
Wat Chiang Rai 57000
☎ +66-53-712-864
🕐 週一至週日07:00～19:00
$ 咖哩飯30～60銖

Si Trang Restaurant
ร้านอาหารศรีตรัง

INFO

⌂ 421/2Thanon Baanpa Pragarn
Rd, Rop Wiang Sub-district,
Amphoe Mueang Chiang Rai,
Chang Wat Chiang Rai 57000
🕐 週一至週日07:00～19:00
$ 咖哩飯30～50銖

Ratchaburi, Thai Restaurant
ร้านอาหารไทยราชบุรี

INFO

⌂ 422, 4-5 Thanon Baanpa
Pragarn Rd, Tambon Wiang,
Amphoe Mueang Chiang Rai,
Chang Wat Chiang Rai 57000
☎ +66-83-763-0319
🕐 週一至週日07:00～20:00
$ 咖哩飯30～50銖

Jeheang Noodle shop | ร้านก๋วยเตี๋ยว เจ้เฮียง
從早到晚都吃得到

麵店位在車站對面，生意很好，店員一刻都不得閒

　　這是一間專賣豬肉／牛肉湯麵的店，生意很好，還曾有電視台採訪介紹，不知道是不是位在車站前面的關係，Jeheang Noodle shop 是少數難得從早賣到晚的店，隔壁是另一間賣咖哩飯跟泰式炒河粉的小吃店「財聯劉」，如果是舟車勞頓剛抵達清萊車站，或者準備搭車離開清萊，想要快速就近吃頓飯的話，這兩間店是很好的選擇。

　　不管選擇哪種肉，配料都是肉片跟肉丸子，Jeheang Noodle shop 也備有中文圖文菜單，就貼在麵攤子上面。泰國湯麵的點法就是分別選擇麵條種類、湯底，還有配料，在這裡配料只有豬肉或牛肉；麵條有 4 種：米粉、寬粉、河粉、蛋麵；湯頭則有清湯跟泰式酸辣湯，以及乾麵。

INFO

🏠 185 Prasopsook Rd, Tambon Wiang, Amphoe Mueang Chiang Rai, Chang Wat Chiang Rai 57000

📞 +66-53-713-176　🕐 週一至週六07：00～22：30，週日07：00～15：30

$ 湯麵30～40銖

Tong Tung Restaurant | ร้านอาหารตองติง
口味精緻的特色泰北拼盤

① 到泰北旅遊一定要嘗試的泰北拼盤
② 炸魚佐水果沾醬酸酸甜甜的很解膩
③ 炸青蛙吃起來外酥內嫩

　　泰北菜裡面最具代表性的就是泰北拼盤，通常以一個大圓盤呈現，先放一碗舂好的辣椒沾醬，然再放其他食材，食材種類繁多，可以是高麗菜、蘿蔔、黃瓜、豆子等蔬菜；也可以是水煮蛋、魚丸或甜不辣，而其中最有泰北特色的就是炸豬皮、生豬肉，以及加了各種香料製成的泰北香腸，吃法就是將這些食材沾著辣椒醬吃，算是一種涼菜或沙拉，到泰北旅遊一定要嚐看看。

　　Tong Tung Restaurant 是清萊市區一間專賣泰北菜的餐廳，他們的泰北拼盤就做得很好，其他還有許多具有特色的泰式料理，甚至包括有炸青蛙，口味相當精緻，每一道菜都非常好吃；餐廳的裝修也古色古香，頗有泰國宮廷的味道；服務人員親切，用餐環境有質感，晚上還不定時有泰國傳統舞蹈表演，在這裡用餐真是身心靈都得到了滿足。

INFO

⌂ 1/1 Moo 14 Sanambin Rd, Rop Wiang Subdistrict, Mueang Chiang Rai District, Chang Wat Chiang Rai 57000

☎ +66-53-716-162　🕐 週一至週日10:00～14:00、16:30～22:00

$ 合菜平均一人250銖

真味牛肉粿條 I Rote Yiam Beef Noddle I
เนื้อวัวรสเยี่ยม
真材實料的牛肉天堂

不同於 Jeheang Noodle shop 只有肉片跟肉丸子，真味牛肉粿條的牛肉湯麵有大塊的牛腩、牛腸、牛肚、牛筋等部位，或者也可以要求全部換成牛肉。燉得軟嫩入味、用料實在又豐盛，不過價位也是 2 倍以上：小碗的 80 銖，大碗的 100 銖，這在清萊的消費水準來說簡直就是天價，即使如此每天依然有許多忠實顧客上門。

配料這麼豐富的牛肉粿條，只有這裡吃得到

真味牛肉粿條的員工英文不是很好，但有提供圖文菜單，一進店會先帶客人入座，接著送上一張圖文菜單，一樣是自選麵條跟配料，直接在圖片指給店員看即可，沒一會兒就會把點好的麵送上來。

INFO

⌂ 421 / 4-5 Ban Prakan Thanon Baanpa Pragarn Rd, Tambon Wiang, Amphoe Mueang Chiang Rai, Chang Wat Chiang Rai 57000

☎ +66-53-601-190　🕐 週一至週日07:00～15:00　$ 牛肉粿條80銖

Lung Chom ice cream I ไอศกรีมลุงชม
在地人熱愛的冰淇淋口袋名單

泰國人吃椰子冰淇淋喜歡在上面加很多料，有點像我們的剉冰，只不過我們是加在清冰上面，他們是加在椰子冰淇淋上面，配料種類也各有異同，類似的配料比如花生、仙草、巧克力醬、甜地瓜絲，而比較特別的則有甜糯米、吐司丁、棕櫚果等。

傳統冰淇淋的口味只有椰子，這間店另外還有綠茶口味，總共就這兩種冰淇淋，可以選擇只要椰奶或綠茶，或是綜合口味，份量則分大中小，決定好冰淇淋跟份量，接著再自選配料，配料不管選幾種價格都一樣，他們會根據種類多寡來增減份量。Lung Chom ice cream 的椰子口味跟外面比起來更清香，外面的椰奶加得多較甜較濃，這裡的比較沒那麼甜，新鮮椰肉用得多；綠茶口味的甜度也剛好，不至於到苦，但有明顯的茶香味。

老闆從 30 年前就開始賣冰，一開始只是騎著摩托車到處賣的小攤子，後來生意好到買下一間大房子開店，店面位在靜僻的小巷子裡，離清萊鬧區有一小段距離，但

即使如此每天下午門口的停車場幾乎都停滿了車，不論晴天雨天還是很多人專程來吃冰。

客人幾乎都是當地人，外國人一般都是透過泰國朋友介紹才知道這間店，但店員可以進行簡單的英文溝通，點餐沒有問題。

① 30 年歷史的老店，只有在地人才知道 ② 不論晴雨，每天都有絡繹不絕的客人
③ 可隨意選擇喜歡的配料 ④ 即使不加料，光是冰淇淋也很好吃

INFO

⌂ 941/20 San Sud 4 Road, Tambon Nai Wiang, Amphoe Mueang Chiang Rai, Chang Wat Chiang Rai 57000

☎ +66-53-756-931 ⏰ 週二至週日11:00～16:30，週一公休 $ 25銖起

火烤兩吃 | Wiang Luang |
เวียงหลวงหมูกะทะ & จิ้มจุ่ม
各種海鮮吃到飽

① 滿滿的好料都可以火烤無限吃到飽 ② 店家用料大手筆，海鮮也可以任你吃

　　泰國人很喜歡吃 2 種東西，一個叫 Jim Jum（จิ้มจุ่ม），就是泰式炭火小陶鍋，只不過現在有些店家偷懶用卡式爐；另一個叫 MuGaTha（หมูกะทะ），有點類似韓式銅盤烤肉，也就是鍋子中間烤肉，旁邊凹槽倒湯煮點火鍋，傳統也是在烤盤下面放炭火，在泰國到處可以看到賣這 2 種東西的店家，大部分採自助吃到飽模式，所以又特別受到泰國年輕人跟學生的喜愛。

　　清萊這間就是 MuGaTha（火烤兩吃），價位大概 250 銖吃到飽，飲料酒品另計，這個價位在泰北並不便宜，因為很多店 99 銖就可以吃到飽，只不過用料很差，Wiang Luang 的食材非常好！重點是海鮮也超多！在清萊這種山城可以吃到這麼多種類的海鮮是很難得的，不過由於生意很好用料也比較高檔，過一段時間就會微幅調漲價格，但不論怎麼漲還是超便宜，雖然不在市區步行可到之處，仍然值得騎車特地過來吃。

　　Wiang Luang 員工的英文不好，不過點餐會用到的詞彙很簡單，只需要告知人數、吃完之後結帳即可，其他沒有特別需要溝通的地方。

INFO

⌂ 255 Moo 16, Tambon Rop Wiang, Amphoe Mueang Chiang Rai, Chang Wat Chiang Rai 57000

☎ +66-93-936-1505　🕐 週一至週日17:00～23:00　$ 250銖

麻辣燒烤 I
Mahlah Rider & Burning Sea Brutal Eggs I
หม่าล่าไรเดอร์
享受音樂、啤酒與燒烤的好去處

① 櫃台旁邊有吧檯座位，單行旅客也能自在用餐 ② 多樣串燒都是 5〜10 銖
③ 高單價的海鮮商品得要另外計費 ④ 烤跟啤酒是絕佳的配對

　　這是一間麻辣燒烤專賣店，離清萊車站步行數分鐘即可到達，不同於路邊小攤的麻辣燒烤只能外帶回家，這裡有提供寬闊的室內外座位，經常也有現場音樂演出，戶外座位區涼爽舒適，裝點幾盞昏黃的小燈泡，非常有情調，是個極度適合一邊聽音樂、一邊品嘗啤酒與燒烤的好地方，店內另提供吧檯座位，就算是單行旅客也可以自在地享受內用的氛圍。

　　雖然燈光美氣氛佳，但每串燒烤的售價卻跟路邊攤差不多，食材種類非常豐富，有茄子、香菇、玉米筍、秋葵、培根金針菇、豬肉、雞肉、內臟、蝦子等，每一串都是 5 銖、10 銖，價格相當便宜，另外還有單價較高的泰國蝦跟鳳螺是以份計價。

INFO

⌂ 925/5 Tambon Rop Wiang, Amphoe Mueang Chiang Rai, Chang Wat Chiang Rai 57000

☎ +66-93-256-5799　🕐 週一至週六17:30〜00:00，週日公休　$ 5〜10銖／串

Locus Native Food Lab
天天客滿的在地料理實驗室

　　主廚兼老闆的 Chef Kong 曾在曼谷許多知名的大餐廳擔任過主廚，由於妻子是清萊人，在造訪清萊的過程中，被清萊豐富的自然資源所吸引，於是決定辭去曼谷的工作，在這裡開一間屬於自己的餐廳。

　　餐廳的位置並非選在人來人往的清萊主街，而是在 kok river 河岸以北，離市區 5 公里遠的一塊田間野地，只有晚餐時間才營業，而且採預約制，店內座位有限，預約滿了就不再接收客人。客人無法自己點菜，菜單全由主廚決定，每個月會定期更換。這一間從頭到腳、從裡到外都充滿個性的餐廳，在清萊這種鄉下地方竟然天天

①

客滿，非旺季期間至少要提早 3 個禮拜預約，旺季期間則要提早 2 個月預約，臨時上門只能吃閉門羹。

Locus Native Food Lab 店如其名，是一間在地料理實驗室，將泰北清萊常見的家常飲食素材，以西餐的邏輯重新呈現令人驚嘆的擺盤美學，古老的靈魂穿上絕美新裳，端上來的每道料理都讓賓客驚呼不已，除了視覺饗宴，Chef Kong 也會花費很多時間跟心思，以泰文或英文詳細地向客人解釋他的創意概念，以及每一道鄉土料理所傳達出來的當地文化與生活智慧。

① 來 Locus Native Food Lab 用餐不僅能享受美食，更能學習到許多在地文化
② 呈現給客人的每道料理都是精緻的藝術品

INFO

🏠 171/24 B.Santarnlhuang T.Rimkok A.Muang 📞 +66-65-023-2627

🕐 週二至週日18:00～23:00，週一公休 $ 1500銖／人，無菜單料理

🌐 https://www.facebook.com/locusnativefoodlab/

Chapter

06

到美斯樂、
美塞旅行

玩遍清萊後別急著離開，泰北的天然美景美斯樂、美塞，
都值得安排幾日行程好好遊玩一番，
除此之外，本篇章更收錄了
美沾、清盛、清孔、帕黨、指星山等地，
絕對能體驗到不一樣的泰北風情，
讓你結束旅程後仍久久無法忘懷。

認識美斯樂
亞細亞的孤兒在風中屹立

30 年前一部家喻戶曉的電影《異域》，講述的是國共內戰之後，一支雲南的國民黨軍隊撤退到東南亞，最後因國際情勢成為了一群沒有身分、沒有祖國的孤軍故事。這支 93 師軍隊最後落腳之處，就是今天清萊府西北邊的這個小山城——美斯樂。

① 泰文學校後面那條山路，在夕陽
   西下的時候會散發夢幻光暈，連
   狗尾草都像是在發光一樣
② 101觀光茶園有寬闊的田園風光，
   還有美味的雲南料理，不管在這
   裡用餐還是品茗都是絕佳享受
③ 從段將軍陵園可眺望美斯樂村子
   的全景

　　當年電影造成迴響之後，孤軍的歷史曾在港台掀起一陣波瀾，大家這才意識到還
有這麼一群人，因為歷史的造弄，而在泰北的山區裡過著資源不足的日子。有一陣子
港台遊客流行去泰北旅遊的時候，順便帶點物資上美斯樂，這種觀念甚至到今日都還
存在，但這幾十年下來，美斯樂其實早就已經完全蛻變，不再是過去那個缺水缺電缺
物資的悲情村莊。

　　經過幾十年的發展，美斯樂憑藉著天然的山區美景，以及歷史造就的文化獨特
性，現在已經成為一個熱門的觀光景點，不只海外華人慕名前來，連泰國人也會特地
上來看看這個「中國人的村子」，因為這裡幾乎家家戶戶都會講中文，使得在美斯樂
有一種「國中之國」的奇妙感受。

自駕或搭大眾運輸，就能輕鬆遊美斯樂

　　現在要到美斯樂旅遊很容易了，村子裡基礎建設完善，民宿、餐廳眾多，還有
7-11、菜市場跟雜貨店，不想自駕也可以透過大眾交通工具往來清邁跟清萊。

　　另外山上有些景點的地址、電話較不明確，所以後面的景點推薦沒有提供資訊，
不過中文遊客在美斯樂旅遊完全不用擔心，不管是問路、找景點位置、還是各種旅遊
疑難雜症，儘管開口問路人，他們非但能說中文，對台灣人也很熟悉，很親切。

美斯樂的交通方式介紹
來去美斯樂暢行無阻

從清萊到美斯樂交通

　　清萊與美斯樂之間無直達車，從清萊前往美斯樂首先要搭乘「清萊——美塞（美賽）（Maesai ／ แม่สาย）」方向的巴士，之後再到「美沾（Mae Chan ／ แม่จัน）」或「班巴山（Ban Basang ／ บ้านป่าซาง）」轉雙條車上美斯樂。

　　上山的固定班車收班得早，搭車前往美斯樂建議不要晚於早上 10 點從清萊出發，山區旅遊記得隨身多準備一點小額泰銖。

清萊第一巴士站

① 清萊——美塞班車
② 美塞月台

Step 1　抵達清萊第一巴士站

巴士站就在清萊市中心、清萊夜市旁邊，住宿地點在市中心的話通常走路即可到達。

Step 2　找到「清萊——美塞（美賽）」（Chiangrai－Maesai）的車

整修後的清萊車站於月台看板上都有標示中文，美塞的班車會停靠在標有「美賽」字樣的月台，不只一個，可以詢問一下哪一台車比較快出發。

Step 3　到美沾或班巴山車資20銖

泰國的巴士都有隨車車掌，發車後會逐一詢問乘客目的地，並收取車資。美沾跟班巴山相距約2公里，從清萊到這2地的車程都是40～60分鐘左右（依路上車流而定）

⬇

Step 4　上車之後直接說要到美斯樂（Maesalong／แม่สลอง）

直接告知車掌要去美斯樂，他們便會在轉車點放乘客下來，通常車掌都會特別留意外國乘客，到站會提醒下車。建議到美沾轉車比較好，可以跟車掌確認一下是否在美沾下車。

轉車點介紹

美沾 | Mae Chan

　　美沾是清萊市區正北方20公里外的一個城鎮，前往美斯樂需在這裡轉車，最熱鬧的地方是美沾市場（ตลาดแม่จัน），上美斯樂的轉乘處就在市場，每天都有固定班次發車到美斯樂，末班車是13:00，單程車資60銖，上山過程中可能會在一個叫Kiwsatai（กิ่วสะไต）的小車站暫停一下，但不需要再額外付錢。

　　美沾上美斯樂的雙條車是綠色的，車程約一個半小時，終點站是美斯樂新生旅館。

美沾上美斯樂的雙條乘車處

美沾上美斯樂的雙條乘車處，google map 顯示名稱為「Mae Salang Bus Stop」

「美沾市場－美斯樂」雙條車發車時刻表			
07:30	09:00	11:00	13:00

班巴山 | Ban Basang | บ้านป่าซาง

　　班巴山在美沾北邊 2 公里，如果前往美斯樂的時間已經錯過美沾的末班車，那麼大巴司機就會把乘客送到班巴山，這裡也有雙條可以上美斯樂，但要等人湊齊，旅遊旺季比較可能湊齊，淡季都要等很久，如果不想等需花 600 銖包車，所以建議早點出發，到美沾轉車比較好。

　　班巴山上美斯樂的雙條車是藍色的，車程約一個半小時，終點站是美斯樂 7-11。

班巴山上美斯樂的
雙條乘車處

班巴山上美斯樂的雙條乘車處，google map 顯示名稱為「Minibus Station（Pasang to Mae Salong）」

從美斯樂到清萊交通

美斯樂到美沾的發車時刻表				
07:30	09:00	11:30	13:30	15:30

Step 1　搭綠色雙條到美沾

美斯樂每天都有固定班次的雙條車到美沾，車子跟來的時候一樣也是綠色的，發車站是在美斯樂新生旅館，雖然終點站是美沾，但一樣直接告知司機要去清萊，這樣他們會比較明確知道目的地。

Step 2　從美沾轉大巴到清萊

雙條車司機會把乘客直接載到往清萊方向的巴士站轉車，並會明確指出等車位置，通常是在下車處的馬路對面，這時即使去清萊的車剛好來了，雙條司機也會請大巴司機等一下，所以不用太匆忙。

抵達美斯樂後，尋找機車出租店

美斯樂村說大不大，但說小也不小，搭車到美斯樂之後還是要租台摩托車，玩起來會更方便，目前租摩托車有2個地方：

1. 揚名素食餐廳 Yang Ming

這是一家素食餐廳兼摩托車出租店，老闆是雲南華人，會說中文，招牌上也寫著中文字的「機車出租」，一天租金250銖。

⌂ 1130, Tambon Mae Salong Nok, Amphoe Mae Fa Luang, Chang Wat Chiang Rai 57110
☏ +66-87-578-7492
🕐 週一至週日08:00～21:00

2. 賀大哥民宿 Mr. Ho Guest House

提供各種旅遊諮詢與服務，也有出租機車，不過房客多的時候可能會優先租給房客，一天租金200～250銖。

⌂ 1130, Tambon Mae Salong Nok, Amphoe Mae Fa Luang, Chang Wat Chiang Rai 57110
☏ +66-87-185-1978
🕐 週一至週日07:00～22:00

加油站介紹

　　美斯樂只有一間正規的加油站，採電子儀器計價，就像我們一般所知的加油站那樣，不過另有一些鄉下常見的簡易加油器具，乍看不像加油站，但其實功能都一樣。

摩托車計程車搭乘處與車費介紹

　　在美斯樂 7-11 旁邊常可見一些穿著亮橘色背心的大哥聚集在一起，他們其實是摩托車計程車，如果要移動的趟數不多，目的地又很明確的話，可以考慮搭乘。在村子的範圍內，單程都是 20 銖，路上有看到空車在跑也可以攔下來，但如果要去的景點離主街比較遠，回來可能會發生遇不到車的窘境，需特別注意。

美斯樂特色景點
不可錯過
欣賞歷史底蘊的古蹟與自然美景

玩遍清萊後，可千萬不要錯過美斯樂，在這裡可以看到泰北戰爭時期留下的歷史痕跡，還能體驗道地的雲南美食，也可以在涼爽的山上，享受遼闊的視野與優閒時光，當一回在地人。

泰北義民文史館
悲傷軍隊的歷史痕跡

橘色建築的泰北義民文史館在樹林間十分醒目

　　2004 年 2 月落成的泰北義民文史館，由泰北華人、泰國軍方和台灣 3 方共同捐款建造，裡面分成了幾個部分，分別陳列著戰爭時期的歷史資料、泰國政府與各方人士協力開發村落的老照片、逝世軍人的牌位，還有台灣捐贈的圖書物資。門票 20 銖，如果入館沒有看到管理員就自己將錢投進門口的箱子，透過參觀泰北義民文史館可以了解整個孤軍的戰史，以及艱困的異鄉開拓史。

　　在戰史館的一幅畫上，題著作家柏楊對孤軍最貼切的形容：「一群被遺忘的人，他們戰死，便與草木同朽，他們戰勝，仍是天地不容。」

　　然而悲壯的年代已逝，孤軍在泰北落地生根已繁衍至第 3、第 4 代了，在泰國政府的懷柔政策之下，他們從一支盤據山頭的異國軍隊，慢慢卸下兵防，融入泰國社會。孤軍後代若非持有中華民國國籍，便歸入泰國籍，正式告別當年「亞細亞的孤兒，在風中哭泣」的歷史悲劇。

段將軍陵園 I General Cemetery
Tuan -The tomb Of Gen Duan
守護村莊的精神領袖

① 少數民族市集旁的牌坊即是入口 ② 從陵園的位置可以俯瞰整個美斯樂村

　　93 師軍隊當時的帶隊將軍段希文，是美斯樂孤軍村很重要的精神領袖，他於 1980 年在曼谷辭世，按其遺願安葬在美斯樂，由各方合力建造的段將軍陵園現在亦成為美斯樂必訪景點之一。

　　在美斯樂茶市有個「段將軍陵園」的牌坊，這裡便是陵園入口，過了牌坊之後還要騎一分鐘的上坡路才會到達陵地，入口的牌坊旁有一間「段將軍餐廳」，生意很好，常有廂型車載著遊客來用餐，原本由段家後代經營，現已頂讓他人。

　　段將軍陵寢的所在地視野非常好，從這裡可以眺望整個美斯樂村莊，就像是他雖已辭世，卻還是日日夜夜看照著他的兵民。陵園有一個守墓人，是美斯樂有名的奇人，他終年一身國民黨舊軍裝，平日就守在這裡打理段將軍的墓，有遊客前往參拜時就跟他們講解段將軍的生平並引領祭拜，訪客可依心意自由捐獻，所得金額主要用於陵園的維護，其餘則為他的薪水。這裡的風很涼、景色也美，祭拜完不妨坐著喝杯茶，欣賞一下美斯樂全景。

觀光茶園 | Tea Plantation 101
優閒俯瞰茶園美景

① 廣闊茶園亦附設民宿，房間寬敞舒適 ② 101 的茶葉品項眾多，有興趣可以要求試喝 ③ 豬腳是美斯樂雲南餐廳的重點菜色 ④ 薑片炒烏雞也是不可錯過的經典美味 ⑤ 山上有各種蔬菜，當地人習慣以蠔油爆炒

　　美斯樂山上有許多茶園，不過大部分都是做外銷或批發買賣，不對觀光客開放，僅有少數幾個茶園經營成觀光模式，Tea Plantation 101 就是其中一個。

　　Tea Plantation 101 離美斯樂鎮上不遠，騎摩托車 10 分鐘就到了，茶園範圍很大，經營項目除了茶園觀光、茶葉銷售部門，還有餐廳跟民宿，老闆是當地華人，有會中文的員工，餐廳菜色以雲南菜為主，用餐環境視野極好，可以從高處往下俯瞰大片茶園跟公路，美食與美景交融，令人心曠神怡。

INFO

🏠 83 Moo 6, Tambon Mae Salong Nok, Amphoe Mae Fa Luang, Chang Wat Chiang Rai 57110

📞 +66-88-805-9391　🕐 週一至週日07:00～18:00

美斯樂市場 I
Mae Salong Morning Market
晨間限定多種美食

① 每天早上 5 點就開始忙碌的美斯樂市場 ② 室內部份一直營業到傍晚 6 點
③ 早餐時間才有的碗豆粉，睡太晚就吃不到了 ④ 早上 7 點前市場外有很多少數民族販售自家種的山野菜

　　美斯樂的一天從菜市場開始，市場分為室內與室外，室內部分有固定攤位，販售青菜、水果、雞肉、豬肉，還有乾貨跟香料、調味料，營業時間從早上一直到晚上 6 點。而菜市場最熱鬧的時段是早上 5 點到 7 點，這期間除了室內的固定攤位外，外面也有很多少數民族的蔬菜攤跟其他小吃攤，不但有當地人來買菜，還有許多外地遊客，很多沒有店面、平時也不會販售的手作美食，只有在早市才吃得到。

　　台灣人愛吃的豆漿油條，還有炒麵、炒米粉、以及雲南味的「豌豆涼粉」都是不可錯過的晨間美食。

　　早市的攤位眾多，隨著不同季節有不同食品，過年前還可以看到賣臘肉的。泰國常有電視台會上山來採訪當地攤商，想體驗美斯樂的庶民生活，來一趟早上的美斯樂市場就對了。

美斯樂佛寺 I
Sinakarintra Stit Mahasantikhiri Pagoda
走上林蔭階梯發現新風景

美斯樂佛寺位於市場後方的山頂上

　　逛完早市可以接著到市場後面山頂上的佛寺走走，爬到山頂要走一段階梯，坡度不陡、距離也不是很遠，大概 700 階，階梯兩旁都是林蔭，就算是正中午走起來也不熱，慢慢地一邊運動一邊乘涼，沒多久就可到達山頂。

　　從佛寺雖不能像段將軍陵園那樣完整俯瞰美斯樂村，但視野也很棒。隨著觀光發展，佛寺周邊的商店跟小攤販越來越多，近幾年還蓋了一間景觀咖啡館，健行走累了就上來參拜一下佛寺，然後喝杯咖啡看風景。

茶市與少數民族市場 I
Doi Mae Salong Tourism Village
豐富茶點與來自山上的四季產物

少數民族市集賣的都是當地作物,隨著四季而改變

　　美斯樂最主要的觀光購物區就在檢查站這邊的茶市,另外少數民族市場也在這裡,是上山遊客必訪之地。茶市販賣的東西有茶葉、蜜餞、乾果、手作小包、泰北傳統服飾等特色伴手禮,茶葉都可以提供試喝,蜜餞也能試吃。

　　如果看到包裝上印著簡體中文,很有可能是中國貨,因為這裡離中國很近,加上泰國人把這裡當小中國來看,所以店家賣中國進口的產品對泰國遊客來講是很合理的,但對其他中文世界的旅客來講可能會感到失望。

　　若不想在泰國買到中國產品的話,可直接詢問店家,基本上本地生產的茶葉產品還是不少,他們都會照實告知產地。

　　少數民族市場賣的蔬果跟美斯樂市場有點不一樣,美斯樂市場的攤商會從山下批貨上來,而少數民族市場則是賣山上自產的四季產物,隨著不同季節,出產番石榴、李子、桑葚、柿子、紫薯、洛神花等豐富產物。

美斯樂興華中學
歷史悠久的明星學校

　　美斯樂山上的學校不少，主要是小學跟中學，公立學校只有一間，就是由泰國政府創辦的泰文學校，其他的都是私立學校，由當地華人社群，或者外地的佛教、基督教團體創辦。宗教團體的學校通常免學費，但同時師資也比較差，而這其中最令美斯樂家長趨之若鶩的明星學校，竟然不是公立的泰文學校，是美斯樂興華中學。

　　興華中學由段希文將軍創辦，是美斯樂歷史最悠久的中文學校，歷代培育出許多事業有成的校友，因此捐助資源豐富、名聲最大，國外物資通常也以捐贈到興華中學最多。就讀興華中學的學費是美斯樂最貴的，但依然是村民心之嚮往的明星學校，到美斯樂旅遊有空不妨參觀一下興華中學，一樣是在國民黨的軍國觀念下運作的學校，可以發現以「司令台」命名演講台、以「福利社」命名小販部這幾點特徵，都跟台灣的學校一樣。

① 興華中學的司令台
② 主要教學大樓以段希文將軍的名字命名
③ 辦公室內的空間配置也跟台灣的學校很像

INFO

🕐 週一至週五16:30～20:00，週六 08:00～15:30，週日休息

泰文小學後山路
騎乘小馬在夢幻小徑裡漫步

　　美斯樂泰文小學後面有一條山路，風景非常漂亮，中文旅客知道的很少，倒是西方遊客人人知曉。說是山路，其實平坦好走，沿途有許多村落，往來的車輛也不算少，只不過離主街有一小段路，若是單純閒逛的話不容易發現。

　　山路位在高處，不管往左看或往右看都是寬闊的視野。每天傍晚時分太陽從西邊照下，農家的炊煙裊裊升起，遠方的小村落掩映在群樹之中，灑落了不可思議的魔幻餘暉，整片狗尾草都在閃閃發光，如夢似幻。

　　遊覽這條路可以租機車來。也可以選擇騎馬，美斯樂有騎乘小馬遊山的活動，一次約 400 銖，活動路線就是這條山路，沿途都有馬伕牽著馬伴行，不會讓馬奔跑。若想購買可以直接洽詢投宿的旅館老闆，或者到「賀大哥民宿」問看看他們有沒有代售。

　　山路走到盡頭有一間 Pana Coffee House，咖啡味道很好，環境也很不錯。

① 泰國很多山區景點都有騎乘小馬的活動（圖為帕黨山）　② 沐浴在夕陽中採收作物的阿卡婦女
③ 泰文小學後面的山路路況平坦好走

這些美食一定要吃到

種類多元的雲南味小吃值得一嘗

美斯樂是一個雲南人的村子，山上餐廳的菜色以雲南料理為主，比較具代表性的有：雲南醃菜炒肉、紅燒豬腳、雲南烤鴨、蠔油炒青菜、烏骨雞、粑粑絲、米線、雲南炒麵等。

茶市跟少數民族市集那一帶聚集了很多家雲南餐廳，每家賣的菜色都差不多，口味也相差無幾，大部分料理味道都不錯，只是烤鴨跟饅頭較不推薦，因為他們的烤鴨常常烤太乾、沒有肉汁；饅頭發得太過了，口感不佳。

這些餐廳的客群以團體客為主，自助行的旅客若沒有 3 人以上也不容易點餐，單人餐點主要是炒飯炒麵類，不過美斯樂還有很多小吃店與不同種類的美食，可供選擇。

在山上要吃到海鮮料理不容易，僅有少數餐廳會提供

請餐廳老闆推薦一些當地盛產的山野菜吧

珊麗瑪餐廳 | Salima Restaurant
符合台人口味的合菜館

① 青椒炒雞肉鮮嫩不澀，椒香味十足
② 紅燒牛肉是珊麗瑪的拿手好菜
③ 店門口有寬廣的停車空間，用餐座
位區也很大

　　這是一間清真餐廳，在 Tripadvisor 上很受歡迎。清真餐廳與其他餐廳的差異就是沒有豬肉而已，但反而多了其他餐廳沒有的牛肉料理以及海鮮料理。雖然也是以合菜為主，但是一人份的餐點選擇非常多，飯麵都有，價格也不貴，不管是紅燒牛肉飯、腰果雞丁飯、香菇炸雞飯、香菇雞湯麵，還是炒牛肉粑粑絲、擺夷米線等，都是40～60銖的價位。

　　這裡的料理味道非常棒！幾乎可以說是美斯樂餐廳裡最好吃、或者說最合台灣人口味的，因為他們的料理不會太油或太鹹，所有的調味剛剛好，烹飪火候也恰到好處，唯一一個小缺點就是上菜速度有點慢，如果現場客人不多、點的東西也不多的話，可能還感覺不出來，但只要有 2 桌以上的多人合菜，就可以明顯感覺出餐速度比較慢，所以盡量不要在用餐尖峰時間前往，便能避免這個問題。

INFO

📞 +66-53-765-088　🕐 週一至週日08:00～20:00

雲南麵餃館 | ร้านบะหมี่ยูนนาน
不容錯過的雲南美味

① 不管湯麵或乾麵，來一匙辣醬更夠味 ② 手工煎餃皮薄餡多，一顆接一顆超順口

　　美斯樂生意最好的中式麵館——雲南麵餃館，就開在 7-11 往下坡走 50 公尺外，這裡賣的東西很簡單，就是乾麵、湯麵、餛飩麵，還有煎餃，麵量可選擇大碗或小碗。看似簡單的麵店，味道卻很不簡單，因此每天都吸引大批客人報到。

　　雲南麵的辣醬很特別，是加了番茄糊炒出來的自製辣肉醬，非常好吃，通常不會放在桌面的醬料區裡，而是點餐的時候告知老闆要加辣，他們才會另外加。不過以台灣人對辣味的平均接受度來講，這個醬可能會太辣，所以記得跟老闆說小辣，或者送上來之後先試吃一點，沒問題再拌進麵裡。

　　台灣人吃麵的時候習慣切一盤滷味，當然雲南麵餃館沒有滷味可以切，不過他們有自製的醃菜，味道酸酸辣辣的超級好吃，但是醃菜不販售、也不會主動提供給生客，點完餐時可詢問一下有沒有醃菜，如果當天有做，店家就會夾一小碗免費送上。

INFO

⌂ Mae Salong Nok, 湄法鑾縣清萊府 57110泰國
☏ +66-53-765-185 ⏱ 週一至週日05:30～17:30

美斯樂烤雞與青木瓜沙拉 |
ส้มตำไก่ย่างแม่สลอง
火烤香氣撲鼻而來

① 半隻烤雞只要 80 銖 ② 青木瓜沙拉跟泰式小火鍋這裡也吃得到
③ 鹽烤魚鮮嫩多汁，魚肚裡塞了香料增添風味

　　從 7-11 往下坡處走 200 公尺，在左手邊的這家烤肉攤是美斯樂唯一一家烤雞店，烤雞跟青木瓜沙拉屬於泰國人的料理，在美斯樂也有不少賣泰國食物的店。

　　烤雞半隻 80 銖、全隻 150 銖。除了雞，另有烤五花肉跟烤魚，都很好吃，泰國人吃烤肉會搭配糯米跟青木瓜沙拉，店裡同時也有賣泰北炭火小陶鍋。

　　店員有的不會講中文，但品項簡單，烤好的肉都擺在架上，可以直接指著想吃的肉類進行點餐。

新時代麵包店 | xin shi dai bakery |
ซินซือไต้เบเกอรี่
每日現做的新鮮好滋味

新時代麵包店裝潢古色古香

　　在山上這種鄉土味濃厚的村落，比較不興盛吃西式食物，蛋糕麵包類的食品頂多在 7-11 買。新時代麵包店位在新生旅館下坡處，老闆是雲南人，學習過製作麵包的知識，是美斯樂少數的手作麵包店之一，雖然種類不多，但都是新鮮出爐。

　　除了是烘焙坊，同時也是咖啡館跟餐廳，備有各式雲南風味料理，用餐環境古色古香，布置得很有味道。山上的店家休息得早，新時代麵包店算開得比較晚的，有時候當其他店家都打烊的時候，這裡就是很好的用餐選擇。

INFO

🏠 4 Mae Salong Nok, Mae Fa Luang District, Chiang Rai 57110泰國
📞 +66-85-718-4746 🕐 週一至週日07:30～21:00
🌐 https://www.facebook.com/xinshidaibakery/

Sweet Maesalong Café
精緻歐式早午餐

Sweet Maesalong 提供多樣西式餐點,是山上唯一的輕食早午餐店

　　美斯樂生意最好的早午餐咖啡店,一樣是烘焙坊,但口味比起新時代麵包店更具歐式風味,因此也是一問西方遊客一定會造訪的咖啡店。一般我們常見的早午餐菜單,例如美式早餐、可頌麵包、帕尼尼、總匯吐司這裡都有,蛋糕甜點的口味也很多,有藍莓乳酪蛋糕、烤布蕾、草莓泡芙等。

　　價位比起美斯樂的店家高了一點,但食物的精緻程度也比較高,在山上算是相當時尚的店。

INFO

⌂ 11/3, Moo 1, Tambon Mae Salong Nok, Amphoe Mae Fa Luang, Chiang Rai, 57110, Tambon Mae Salong Nok, Amphoe Mae Fa Luang, Chang Wat Chiang Rai 57110

☎ +66-92-429-3262 　🕐 週日至週一08:30～17:00,週六09:00～17:00

獨特旅宿推薦

從中國古典風到背包客棧

住宿的旅店有多樣化的選擇：從古典風格的裝潢、擺設，到中低價位的背包旅館，甚至考慮到能眺望自然美景，或鄰近咖啡館的便利性，依照旅人的需求與喜好，提供 3 間十分獨特的旅店選擇。

美斯樂山上的民宿很多，透過訂房網站挑選自己喜歡的飯店吧

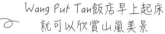

Wang Put Tan飯店早上起床就可以欣賞山嵐美景

改裝後的新生旅館整個煥然一新

Wang Put Tan Boutique Hotel | วังพุดตาล
住在古典味裡飽覽美景

① Wang Put Tan的位置很好，
　坐擁大片無敵山景
② 充滿中國風味的古典設計
③ 房間寬敞明亮

　　從7-11下坡下來，左手邊一整片的視野都十分良好，可以看到層層的山巒與田野，這一排有很多景觀旅館，位置極佳，既不會離鬧區太遠、走路就可以到達7-11，還可以欣賞美麗的風景。

　　其中這間Wan Put Tan Boutique Hotel評價很高，環境乾淨，整體設計風格採中國古典風，饒富中國風味，而且就在Sweet Mae Salong Café對面，早上起床過個馬路就可以去吃美味的早午餐。

INFO

📞 +66-89-995-4066　💲 台幣770起（淡旺季價格不同）

🌐 訂房管道：Booking.com/agoda/官網　🌐 官網：http://www.wangputtan.com/

🌐 粉絲專頁：https://www.facebook.com/wangputtan/

賀大哥民宿 | Mr. Ho Guest House、新生旅館
高 cp 值背包客旅館、歷史悠久的知名旅店

賀大哥是美斯樂的名人，幾乎每個計劃去美斯樂旅遊的人在查找資料的過程中，都會在網路上聽聞他的大名。他本是新生旅館的老闆，這間歷史悠久的旅館在戰時是各將領聚集商討戰略的地方；戰爭結束後賀家就將它轉型成旅館。在賀大哥幾十年的經營下，新生成為了美斯樂歷史最悠久、價格最便宜、服務最周到的知名旅館，上美斯樂的雙條車甚至以新生旅館作為終點站。

① 新生旅館是美斯樂歷史最悠久名聲最響亮的旅館 ② 賀大哥在 7-11 附近新開的民宿
③ 設備較為簡約，但價格實惠，主要針對背包客

　　然而隨著時間過去，新生的建築體慢慢老舊，幾年前整個翻新過後新生轉型成為
中價位的旅館，於是賀大哥就在 7-11 旁邊另外開了一間針對背包客的便宜旅館。

　　既然便宜，當然設備各方面都沒有高價位旅館那麼好，不過賀大哥的民宿最大的
賣點就是他好客的服務態度，他就像一個里長伯一樣，美斯樂各種旅遊資訊都可以問
他。晚上他習慣在餐廳喝點小酒，如果沒有自己的朋友來喝，就邀請房客一起喝，在
他這裡可以感受濃厚的人情味。

INFO

1. 賀大哥民宿

⌂ 1130, Tambon Mae Salong Nok, Amphoe Mae Fa Luang, Chang Wat Chiang
　Rai 57110

☎ +66-87-185-1978　⊕ 訂房管道：booking.com

$ 訂房網台幣359元（淡旺季價格不同）／現場登門價200～300銖

2. 新生旅館（Shin Sane Guesthouse & Bungalow）

⌂ 119 Moo1, Tambon Mae Salong Nok, Amphoe Mae Fa Luang, Chiang Rai,
　57240, Tambon Mae Salong Nok, Amphoe Mae Fa Luang, Chang Wat
　Chiang Rai 57240

☎ +66-53-765-026　⊕ 訂房管道：booking.com

$ 台幣338起（淡旺季價格不同）

認識美塞
深度探索美麗的邊境城鎮

美塞是清萊府、同時也是整個泰國最北邊的縣城,從這裡可以通過陸路關口前往緬甸,與美塞相對望的城鎮是「大其力」,泰緬兩地居民往來相當頻繁,彼此互惠免簽待遇,每天都有成千上百的人在兩國之間通勤工作或進行貿易。

① 董山的皇太后花園一直都是美塞的重點行程之一 ② 磐明村有專賣阿卡料理的餐廳
③ 美塞關口前市場的烤粑粑 ④ 磐禧村的浪漫山城怎麼拍都好

　　在美塞處處看得到緬文招牌，又因為距離中國很近、加上有雲南裔泰國人的關係，中文字出現的頻率也不低，異國風情相當濃厚，也因此，與清萊府境內的其他郊城相比，美塞規模不小，泰國的 2 家龍頭量販店「Tesco Lotus」跟「Makro」，在美塞車站附近都有分店。

　　美塞最熱鬧的地方就是關口前的市場，大部分的旅館、餐廳、商店也聚集在這裡，很多人到美塞旅遊頂多就逛一逛市場，接著便返回清萊市區，但其實在美塞鎮中心西邊的山脈上有阿卡族的村莊磐明村、磐禧村，這 2 個村莊都已發展成人氣很旺的觀光景點，還有已故皇太后行宮所在的董山也是不可錯過的行程。

　　到美塞旅遊不妨安排個兩天一夜小旅行，深度探遊邊境城鎮吧。

清萊市區到美塞交通
交通工具選擇多，輕鬆就能到美塞旅行

到美塞所能選擇的交通工具其實非常多，若傾向自駕，可以租借摩托車，大眾運輸工具還有巴士、雙條車，抑或是機動性便利性皆高的摩托車計程車，跟著行程與時間安排來選擇，會讓美塞之旅更加順利好玩！

搭乘巴士前往美塞

美塞車站

① 美塞車站售票口 ② 美塞車站乘車處

Step 1
到清萊第一巴士站，於寫有「美塞（美賽）」的月台搭車，開往美塞的車，車體上也會標註「MAESAI」，不只一個美塞的月台，搭車前詢問一下哪台車比較快出發。

Step 2
清萊往返美塞的班次很多，隨到隨上，通常不會等超過30分鐘。

Step 3
巴士都有隨車車掌，發車後車掌會逐一詢問目的地，然後收取車費。

Step 4
清萊到美塞單程車資40銖，車程1.5～2個小時。

Step 5
終點站就是美塞（美賽）車站，車站距離邊境關口還有3.5公里，需轉搭雙條車前往。

Step 6
回程從美塞車站搭車。

美塞當地交通

雙條車

　　美塞主要的大眾交通工具是雙條，從清萊到達美塞車站之後，一下車就有雙條車司機前來問要不要搭車，只要跟司機說「customs」他們就知道，路線是開往邊境關口的，大部分的乘客都要往關口方向移動，一下子就可以湊滿一車。

　　美塞車站到關口的雙條車費是 15 銖。

摩托車計程車

　　摩托車計程車是美塞常見的另一種大眾交通工具，街上到處看得到橘色背心的駕駛員，隨招隨停。比起雙條車時間更彈性，單人旅客也可以立即出發，不用等人湊齊，但相對車費比較高，從關口到車站一趟要價 40 ～ 50 銖。

美塞摩托車出租店 | Pornchai Mae Sai Limited Partnership |
ห้างหุ้นส่วนจำกัดพรชัยแม่สาย

　　美塞只有一家摩托車出租店，在關口前 500 公尺，車資一天 250 銖，需抵押護照，抵押期間店家會提供護照影本，店員英文流利，旅遊旺季亦可透過 FB 粉絲專頁預先詢問是否還有車可租。

　　到美塞（美賽）車站後如果要前往租車店，就直接讓雙條車司機看店名，他們就知道了。需特別注意機車店禮拜天休息，切勿安排禮拜天借還車。

INFO

⌂ 4/7 moo1 Paholyotin Rd., Wiangpangkum Amphoe Mae Sai, Chiang Rai, Thailand 57130

☎ +66-53-731-136　🕐 週一至週六 08:00～17:00，週日公休

🌐 粉絲專頁：https://www.facebook.com/PCmaesai/

深度探索
美塞邊境景點
暢遊拍照打卡、購物的聖地

來到美塞的交通要道關口處絕對要拍張照片作紀念,再走到關口市場與週六、週日夜市,享用美食之餘,還能逛到十分有特色的好物當作伴手禮。跟著作者的腳步,漫遊走進清幽的巨蠍廟、睡美人洞裡,就能感受旅行的優閒時光。

美塞邊境檢查站 | ด่านชายแดนแม่สาย &
泰國最北境牌坊 |
The Northern Most Of Thailand |
จุดเหนือสุดในสยาม
來最熱門地標打卡、美照拍不停

連結泰國美塞與緬甸大其力的陸路關口，是兩地人民頻繁通行的交通要道，關口所在之處同時也是泰國的最北境，標註最北端的牌坊，是每個造訪美塞的遊客都會來拍照打卡的熱門地標。

泰、緬兩國有免簽互惠，其他未獲得緬甸免簽待遇的國際遊客，如果想要過去緬甸有 2 種方法：一種是預先辦理好緬甸簽證；一種是將護照壓在海關，並付給緬甸海關 500 泰銖，即可入境緬甸大其力進行一日遊，但必須在當天晚上之前返回泰國，並且回來之後需重新辦理泰國落地簽證，外加 300 銖手續費。

以上所述之政策，幾年前一度傳出終止的消息，但根據網友回報，以及作者在 2019 年 5 月現場詢問海關人員的結果，都還是可行的。只不過曾有政策終止的公告，所以實際情況還是以現場詢問為主。

① 泰國最北境牌坊，對面就是緬甸國土
② 從牌坊看向泰緬友誼大橋，橋上一半插泰國國旗，
另一半則是緬甸國旗

INFO

美塞邊境檢查站　　泰國最北境牌坊

美塞關口前市場
多國商品聚會地

① 復古水煙壺
② 關口前市場小吃攤種類眾多
③ 市場內的店家
④ 古董鴉片砝碼
⑤ 各式緬甸產品與日用品

　　關口前面是一個範圍廣大、非常熱鬧的市場，販售各種五金百貨、家具、生鮮蔬果、茶葉、零食等日常用品，除了有泰國、緬甸製造的商品，還有遠從中國來的舶來品，貿易活動繁盛，每天從一大早一直到下午5點都人聲鼎沸，到了晚上市場休息之後，馬路兩旁就擺起路邊的小吃攤，每個星期六更是會封街舉辦週六夜市。

　　關口前市場有一些紀念品商店，賣阿卡銀飾、緬甸珠寶飾品，還有仿古的鴉片工具，店員很多都說得一口流利的中文，可以進行詳細的介紹。在美塞警察局後面有公共廁所，也有可以喝涼飲的公園座位區，逛累了就在這邊休息一下。

巨蠍廟 | วัดพระธาตุดอยเวา
讓視線跨越國界

① 登上巨蠍廟之後可以登高眺望緬甸大其力的市容 ② 入口階梯 ③ 廟裡的巨蠍雕像

　　從美塞市場西面的斜坡往上走，就可以看到巨蠍廟的入口階梯，爬上階梯後，金碧輝煌的佛塔隨即映入眼簾，佛寺佔地不小，但環境清幽、視野良好，可以由上而下眺望整個大其力市區，如果不打算跨國去緬甸旅行的話，也可以上來看看緬甸的街道市景是什麼樣子。

關口前週六夜市
週末限定美食盛會

　　到了禮拜六晚上，美塞關口前面的路會封街，舉辦週六步行街夜市，平常日晚上關口前就都會有一些小吃攤了，再加上夜市更是熱鬧得不得了，攤位種類眾多，各式泰北小吃都可以在這裡看到，從下午 5 點太陽剛下山的時候開始營業，晚上 9 點陸陸續續收攤，美塞的人口比起清萊又更少，平常根本沒有什麼集市好逛，所以一個禮拜一次的週六夜市是大人小孩都期待的盛會，到了每個禮拜六晚上，關口前總是滿滿的人潮。

① 週六夜晚美塞居民攜家帶眷來到週六夜市，盡頭的藍頂建築是美塞關口，過了關口就是緬甸大其力
② 上百家攤販綿延不絕 ③ 小吃種類眾多，每一樣看了都想吃 ④ Baan Sabai Maesai 房間與外觀

Baan Sabai Maesai

　　這是一間布置得相當溫馨、環境也打掃得很乾淨的旅館，老闆是泰國華人，曾經在中國就學，可以用中文溝通聊天，其他員工的英文也很流利。旅館在美塞關口附近，走路即可到達，生活機能非常好，位在巷子裡鬧中取靜，房間空間很大，價格也不貴，雙人房一個晚上約 700 泰銖附早餐，如果要在美塞市區住一晚，Baan Sabai Maesai 是很好的選擇。

INFO

⌂ Municipality Soi 8 Mae Sai, Amphoe Mae Sai, Chang Wat Chiang Rai 57130
☎ +66-62-031-2233 🌐 訂房管道：Booking.com

美塞 | Tesco Lotus |
週日夜市 | Tesco Lotus Maesai |
เทสโก้ โลตัส แม่สาย

上百間攤位令人目不暇給

　　美塞車站旁的複合式大型量販店 Tesco Lotus，裡面有美食街、肯德基等數家連鎖餐飲，相當於一個小型的商場，是美塞小鎮的居民經常闔家光臨的場所，商場內也有廁所，如果回清萊的時候等車時間比較久，可以來這裡吹冷氣休息。

　　每個禮拜天 Tesco Lotus 前面的停車廣場會整個封起來，舉辦步行街夜市，雖說是夜市，卻是從正中午就開始營業，一直持續到晚上9點左右，上百家的攤位點亮了美塞靜謐的夜晚，美食攤家多到吃不玩，好吃好玩又好逛。

① 週日市集從中午就開始營業，可以逛一整天
② 甜而不膩的奶油煎餅
③ 加了各種香辛料的泰北香腸光是聞著就餓了

INFO

⌂ Moo 5 156 Phahonyothin Rd, Tambon Wiang Phang Kham, Amphoe Mae Sai, Chang Wat Chiang Rai 57130

☎ +66-53-646-008　🕐 週一至週日08:00～21:00

睡美人山洞 I
Tham Luang Forest Park I
วนอุทยานถ้ำหลวง-ขุนน้ำนางนอน
曾轟動全球的新聞事件現場

　　2018 年 6 月發生了一件轟動全世界的大新聞，13 個足球隊的小朋友跑進山洞玩，結果遇上暴雨不停，被困在山洞裡長達 18 天，最後全員順利救出。

　　這起事件的發生地點就在美塞，而睡美人山是當地非常有名的山，因為從遠方看去，其外型極似一個仰躺的女人，因而得其名，並且連帶衍生許多神話傳說。

　　足球隊事件發生之後，清萊政府就封閉山洞，進行內部整修，在洞口外的公告表示整修完畢後，將會作為一個觀光景點重新開放，但日期還未確定，即使如此，每天仍有大批遊客到此朝聖，在洞口前拍照。

① 山洞的入口
② 每天都還是有大批遊客前來朝聖，洞口前攤販眾多
③ 美塞的睡美人山有許多神話傳說，遠看就像一個仰躺的女人

胸部　　側臉　　長髮

遊逛美塞西側景點
進入山區體驗悠閒風情

美塞市區西側有一段山脈，由北而南依序有磐明村、磐禧村、董山皇太后花園這些景點，這3個地方彼此距離不遠，可以騎摩托車一天玩完，也可以選擇在山上的民宿停留一夜。山的地勢不高，從山腳下的市區騎摩托車上去的話，20分鐘即可到達山頂，但是上山後明顯可以感覺氣溫比山下涼爽一點，是一個交通非常方便的山區景點。

鄉村自然風建築，磐明村的阿卡餐廳

不趕時間的話，
就在山上的民宿住一晚吧

① 小巧可愛的磐明村，距離山下美塞市區很近 ② 家家戶戶都是特色咖啡館，各擁不同的美景與美食

磐明村 | หมู่บ้านผาหมี
小山上的咖啡聚落

　　磐明村是一個阿卡族的村落，村民主要以種植咖啡維生，村子所在的山頭離山下的美塞車站僅有 4 公里，但上山之後卻感覺像是來到了遙遠的世外桃源。喀斯特地形造就了好幾座圓頭的可愛小山林立，雖然沒有山川名岳那麼氣勢磅礴，但正好與咖啡村的意象相得益彰，增添了不少浪漫情懷。

　　既然是咖啡村，想當然村子裡一定到處都是咖啡館，每家都有不同的特色，裝潢風格跟景色也各有千秋，但相同的是：不論平日假日，每家咖啡館都有絡繹不絕的遊客，從各地自駕前來。

BUSAW HOMESTAY | บูซอ โฮมสเตย์

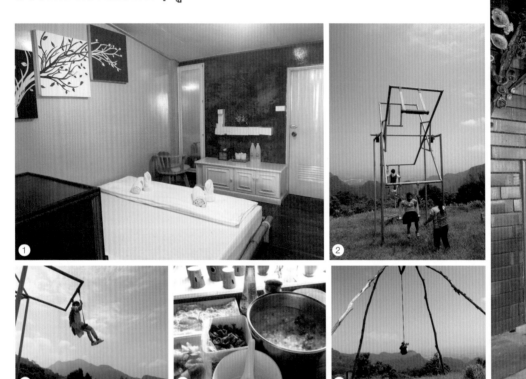

① 民宿房間乾淨簡約，基本配備都有 ② 阿卡風車最多可 4 個人一起玩，場地非常安全，但玩起來相當刺激

　　這間是磐明村評價最好的民宿，老闆是泰國華人，夫妻倆說得一口流利的中文，甚至讀寫也沒問題，民宿位置不在咖啡屋集中的主要聚落區，而在山路對面的另一側，但也很好找。

　　房間數不多，是一間溫馨可愛的小屋民宿，屋內設備簡潔，廁所的馬桶是山上常見的手沖式，但打掃得很乾淨，住起來還是相當舒適。戶外公共區域眺望得到山腳的城區，晚上亮起點點燈光，形成美麗的夜景。民宿周邊沒有商店，但是有廚房可提供餐點，常見的飯麵都有，也有簡單的合菜，味道很棒。

　　房型有大小 2 種：小房間為雙人房，大房間可住 5 人。10～2 月的價格：小房 1200 銖、大房 2200 銖；3～9 月的價格：小房 900 銖，大房 1700 銖。若人數超過 5 人還有更大的房間，住宿皆附早餐。

　　BUSAW HOMESTAY 沒有在訂房網站上登錄，訂房可透過 FB 粉絲頁私訊，

③ 住宿附贈的早餐是豐盛的清粥小菜 ④ 阿卡鞦韆也是每個阿卡村落都會有的經典設施
⑤ 公共空間的吊椅別富趣味

直接跟老闆訂，一般會要求先匯款至他們的泰國帳戶才算完成，但如果是淡季，可以跟老闆溝通看看是否能到現場再付，若因故不能前往也需提早告知，避免造成店家困擾。

　　BUSAW HOMESTAY 也有著名的阿卡鞦韆跟阿卡風車，他們架設在平坦寬廣的區域裡，實際上非常安全，不過盪出去的時候又感覺好像要飛到山下了，超級刺激！就算沒有住宿，也可以來這邊用餐，體驗一下。

INFO

⌂ 51/5 Soi 13, Ban Pha Mi, Wiang Phang Kham Sub-district, Mae Sai District, Chiang Rai Province 57130

☏ +66-87-575-2234

⊕ 粉絲專頁：https://www.facebook.com/Busaw.Homestay/

餐廳住宿 | PUFHAZAJE | ภูฟ้าซาเจ๊ะ ที่พัก อาหาร ของฝาก

　　磐明村眾多景觀咖啡之中，這家的視野是最好的，高度夠高、前方又沒有樹林等遮蔽物，直接面向山下，整個磐明村盡收眼底。PUFHAZAJE 也有提供阿卡料理，若是週末假日前來，山景第一排的位置常常都是滿的。

① PUFHAZAJE 的位置非常好，從這裡可以比較完整地俯瞰磐明村 ② 入口處掛著一幅穿著傳統服飾阿卡族人的畫

INFO

🏠 8 Tambon Wiang Phang Kham, Amphoe Mae Sai, Chang Wat Chiang Rai 57130

📞 +95-804-912-999

🕐 週一至週四09:00～20:00，週五至週日08:30～20:00

阿卡餐廳 | Ozone Pamee | ร้านโอโซนผาหมี

　　這家餐廳布置得很有阿卡風情，最令人印象深刻的，就是餐廳各處掛滿了晾曬的乾玉米，這是傳統保存食物的方式，玉米是山區居民重要的澱粉來源之一，曬乾後的玉米可以釀造玉米酒，或做成其他食品，以餐廳的裝飾品來說，黃澄澄的玉米不但色彩明亮，造型也很可愛。

　　還有另外一個特點，就是他們的餐盤桌椅都取自天然素材，食物用竹筒盛裝、餐桌用芭蕉葉鋪墊，這些都是阿卡族習以為常的日用品，但是對大城市來的遊客而言則處處都是風情。

　　阿卡料理屬於少數民族料理，絕大部分都跟我們印象中的泰國菜不太一樣，Ozone Pamee 的店員英文不好，只會簡單的單字，不過有泰文的圖文菜單，遇到外國客人，他們會讓客人看圖片，再簡單地解釋這道菜是 chicken、pork，還是 fish，實際上就點餐結帳等事務來說，溝通是無礙的。

① 阿卡香料春酥炸馬鈴薯，香辣夠味 ② 放山烏骨雞肉質 Q 彈 ③ 綜合燉煮蔬菜湯
④ 即使不是正餐時間生意也很好 ⑤ 繩網座位區或坐或躺都舒服

INFO

⌂ 58/5 M.6 Baan Pha Mi, Wiang Phang Kham, Mae Sai, Chiang Rai 57130
🕐 週二至週日08:00～17:00，週一公休
🌐 粉絲專頁：https://reurl.cc/qDDqqN

依山而建的磐禧村，浪漫的氛圍就像九份老街

磐禧村 | หมู่บ้านผาฮี้
籠罩雲霧與咖啡香的小村莊

　　磐禧村在磐明村南方 6 公里處，2 村相距很近，騎摩托車一下子就到，跟磐明村一樣，也是一個以種咖啡維生的阿卡族村落，但是範圍比磐明村大一點。磐明村的主要聚落裡，幾乎都是咖啡館或餐廳，但磐禧村則是一般住家與咖啡館互相錯落，若在村子裡散步，隨處遇得到坐在門前休憩的老人，或追逐玩耍的孩童。

　　村子裡的房舍依著山坡修築，看上去就好像九份樸質而富有人情味的山城，尤其是起霧的天氣，掩映在山嵐中的村莊，更是有種說不出的迷人風采。

　　跟磐明村一樣，磐禧村上也沒有 7-11 或超市，但有許多人家做起咖啡館與餐廳的生意，所以在山上的吃喝都不成問題。磐禧村的民宿其實很多間，只是都沒有在訂房網登錄，需要打電話預訂或現場詢問，不過村民普遍不會英文，這裡甚至有很多阿卡老人，連泰文都說不好，只會說阿卡話，即使如此，到了冬天旅遊旺季的時候，磐禧村上的民宿常常是一房難求，因為這裡的景色非常漂亮，甚至常有泰國人上來拍婚紗。

Phu Phahee coffee | กาแฟภูผาฮี้

　　磐禧村 2 間人氣最旺的咖啡館之一，在 2 樓的戶外座位區有一排單排座椅，坐上去之後腳會懸空在群山綠樹之間，轉角的位置拍起來最好看，搭配著一把綠色遮陽傘，就像是 Phu Phahee coffee 的招牌 logo 似的，每個到訪的遊客都一定要在這裡拍張照，甚至因為這個拍照角度太熱門了，把位置空下來讓大家拍照變成是顧客之間心照不宣的共識，沒有人會坐在這裡喝咖啡。

　　店裡同時也提供一些簡單的阿卡傳統服飾跟配件，免費供遊客穿戴拍照用，不但外國遊客覺得好玩，連泰國人也興致盎然。

① 轉角座位與綠色陽傘是 Phu Phahee coffee 的熱門拍照場景
② 店家提供各種阿卡服飾配件與道具供遊客拍照
③ 不限低消，只要有點咖啡就可以坐很久 ④ 一樓展示著傳統阿卡家庭的廚房

INFO

🏠 169 Tambon Pong Ngam, Amphoe Mae Sai, Chang Wat Chiang Rai 57130
📞 +66-90-948-2784　🕐 週一至週日08:30～18:00

Phahee Coffee | กาแฟผาฮี้

　　另一間磐禧村的人氣咖啡館就是
Phahee Coffee 了，Phahee Coffee 不
但是咖啡館，同時也是很受歡迎的民宿，
房型有雙人房跟 4 人房，房價計算方法
為一個人 750 銖，一泊二食，外加一杯
免費的咖啡；但如果只有一個人住雙人
房的話，房價是 1200 銖，入住時間下
午 1 點之後，退房則是中午 12 點之前。
Phahee Coffee 的民宿一樣沒有登錄訂
房網，訂房可透過官方 LINE 帳號預訂，
老闆跟大部分的員工都不太會講英文，
只有一個員工可以英文溝通，預訂訊息
盡量以簡單概要的英文詢問（例如提供
人數、日期再詢問有無空房），需先匯
款才能完成訂房。

　　而 Phahee Coffee 如此受歡迎的
原因，除了咖啡好喝、餐點美味、民宿
乾淨舒適之外，最重要的就是 Phahee
Coffee 坐擁了獨一無二的絕佳景觀！他
們位居磐禧村的最高點，而且剛好在兩
座山的中間，從這裡看出去，會依序看
到村落的房舍散落在前景，接著往下是
2 座山，再更往前就是山谷之間擁簇的
美塞市區，整個構圖完美得像是一幅畫，
怎麼拍都美到不行。

① 用竹子佈置的山中渡假小屋，旺季可是一房難求
② Phahee Coffee 的用餐空間，有提供咖啡跟各式餐點
③ 民宿房間的前廊
④ 絕佳的視野角度蔚為經典

④

INFO

⌂ 20 Village No. 10, Pong Ngam, Mae Sai, Chang Wat Chiang Rai 57130

☎ +66-89-431-7479 🕐 週一至週日08:00～18:00

🌐 粉絲專頁：https://www.facebook.com/PhaheeCoffeeFresh/

🌐 官方LINE帳號ID：Phaheecoffee

① 董山皇太后園區的紀念品商店 ② 售票亭 ③ 各種少數民族可愛小物

董山皇太后故居 | สวนแม่ฟ้าหลวง
傳奇人物的生活痕跡

　　受泰北居民景仰的已故皇太后，其生前的故居就在董山 Doi Tung （ดอยตุง），她居住的別墅、生前打造的花園，都被保留下來，現今成為重要的觀光地區，幾乎大部分的清萊一日遊行程都會安排參觀。隨後園區又增設了禮品部門、咖啡館，裡面販售著皇家成立的基金會輔導山區居民協力完成的各種產品，另外還有一間四星級飯店。皇太后故居位在磐禧村南方 7 公里外，距離山下的市區也很近。

Doi Tung Lodge Hotel

　　皇太后園區裡附設的四星級旅館，在美塞少有星級旅館，如果對住宿要求比較高、同時又安排到這裡觀光的話，不妨可以在這裡住一晚，飯店有附設餐廳，園區內也有一些小商店，雖然是在山上，生活機能還算不錯。

Doi Tung Lodge Hotel 是美塞少數的星級旅館，房內設施完整，布置風格別緻

皇太后御花園

　　皇太后園區裡加上御花園，總共有 4 個場館，分別是御花園、植物園、皇太后別墅，以及紀念館，每個場館都要獨立購買票券，統一向路口的售票櫃台購買，不管哪個場館都是全票 90 銖、半票 45 銖，每個場館的開放時間跟中午休息時間也不同，要特別注意。

　　人氣最旺的御花園範圍很大，種滿了各式各樣的花，還有一個美麗的溫室，以及各種花藝裝置藝術，而且一年 365 天都有專人維護跟照顧，任何時候來，看到的都是健康漂亮的植栽。

　　在御花園裡面有 Tree Top Walk 吊橋，可以漫步在樹頂之間，是額外的付費行程，一個人 150 銖，售票櫃台在御花園裡面。

① 御花園的植栽一年四季都有專人照顧跟維護，永遠都是生機盎然 ② 溫室裡懸吊著美麗的垂吊式植物
③ 御花園內有 Tree Top Walk 樹頂吊橋，漫步其中享受芬多精

場館	Doi Tung Royal Villa（皇太后別墅）	Hall of Inspiration（紀念館）	Mae Fah Luang Garden（御花園）	Mae Fah Luang Arboretum（植物園）
開放時間	07:00～17:30	08:00～17:00	06:30～18:00	07:00～17:30
休息時間	11:30～12:30	無	無	無

美沾 | Mae Chan | แม่จัน——
人氣翠峰茶園 |
Choui Fong Tea Plantation |
ไร่ชา ฉุยฟง
走逛泰北最美的知名茶園

達人
帶路

美沾是清萊府重要的轉運城鎮，從市區往美斯樂、美塞、清盛的巴士都會經過這裡，同時也是周邊山區居民採購物資的地方，所以這邊的商店很多，但大多數是販售生活日用品的，比如五金雜貨、建材、衛浴設備、電器家電等，還有一間 Tesco Lotus 大賣場，除此之外，針對遊客的商店不多。

　　不過美沾這邊卻有一個在清萊數一數二超人氣的觀光景點！就是全清萊最美、甚至可以說是全泰北最美的茶園──翠峰茶園。這是泰北非常有名的觀光茶園，中文旅遊資訊也很豐富，翠峰的老闆是泰北當地的華人，但茶葉的種植技術是由台灣人傳授的，他們的茶葉獲得國內外無數獎項肯定，並且也得到食品與藥物管理局的安全性認證。

　　翠峰佔地很廣闊，茶園一丘連著一丘，一望無際，裡面有餐廳，有咖啡廳，有茶葉商品販賣部，商品種類非常豐富，現場也有試喝服務，明明是一大片的農田，卻沒有一個小細節是凌亂的，整個園區都打理得很精緻。咖啡館賣的蛋糕跟飲料皆是以茶入菜的創意料理，不但味道好吃，造型也很美。不管是情侶、家人，或三五好友，來到翠峰總是有拍不完的照片，一個美好的白日時光，就應該消磨在好茶與美景上面。

① 翠峰有佔地廣闊的大片茶園 ② 商店裡茶葉產品種類繁多 ③ 茶葉飲品 ④ 創意茶葉蛋糕
⑤ 泰文的「翠峰茶園」豎立在田野中 ⑥ 餐廳與茶館

INFO

⌂ 97 Moo 8 Pasang, Maechan, Chaing Rai 57110

📞 +66-53-771-563 🕐 週一至週日08:30～17:30

🌐 官網：http://www.chouifongtea.com/ 🌐 粉絲專頁：https://reurl.cc/A11vEZ

清盛| Chiang Saen | เชียงแสน
欣賞千年古城遺跡

清盛在美塞的東邊,所在的地理位置非常特別,就位在泰緬寮三國交界的那個點上,所以也是嚴格定義的金三角,旅客來到清盛一定會造訪可以同時看到泰緬寮三國國土的「金三角公園」,還有參觀旁邊的鴉片博物館。

現今的清盛是個幽靜的邊界小鎮,但千年以前可是清盛國的王城,開創蘭納盛世的孟萊王便是誕生於此。當年清盛王城的遺蹟經過歲月的侵蝕,只剩下局部被保存下來,除了古城牆跟護城河,王城裡的數座古寺現今正散落在清盛小鎮的巷弄裡。

① 散落於小鎮裡的古寺遺跡有上千年歷史 ② 鎮上的小咖啡館
③ 清盛很適合騎腳踏車，清盛往美塞的公路沿途風景優美

　　地勢平坦、車流稀少的清盛被打造成單車小鎮，騎著腳踏車在小巷子裡鑽來鑽去，參訪不期而遇的古城遺跡，這是一日遊的團客無法體會到慢旅生活，得要在清盛住下來才感受得到。

　　清盛傍在湄公河旁，依河築城，每天下午沿著湄公河畔在公園散步，微風迎面吹來，欣賞落日變化萬千，也是一大享受，這裡也是有不少景點，但比起景點，清盛的純樸、舒適、優閒卻更吸引人。

　　小鎮雖小，但生活機能一應俱全，公車站、生鮮超市、便利商店、菜市場、餐廳、小吃店、路邊攤、租機車店通通都有，不過越鄉下的地方英文越不好，清盛居民大多不太會講英語，但小吃店會備有圖文菜單，而且他們也會熱情地嘗試用肢體語言跟外國人溝通。一慢還有一慢慢，想過個徹底放空的慵懶假期，那就來一趟清盛吧！

先搞懂清萊市區到清盛的交通方式

跟著步驟，搭大眾交通工具很方便

Step 1　到清萊第一巴士站，於寫有「清盛」的月台搭車，開往清盛的車，車體會寫「CHIANG SAEN」。

Step 2　清萊到清盛的班次一個小時約1～2班，建議提早去車站詢問時間。

Step 3　巴士都有隨車車掌，發車後車掌會逐一詢問目的地，然後收取車費。

Step 4　清萊到清盛單程車資約37銖，車程1.5～2個小時。

Step 5　終點站清盛車站就在菜市場（Sin Sombun Market／ตลาดสินสมบูรณ์）旁邊，也是清盛鎮上生活機能最集中的區域。

Step 6　回程從清盛車站搭車，往清萊班次很多，預備出發的車子會停在車站前面，可以先上車，也可以在車站等，車站有廁所，站務員英文不好，以下提供簡單實用短句。

與站務員對話的實用短句	
請問廁所在哪裡？	ห้องน้ำอยู่ที่ไหนคะ／ครับ
請問有衛生紙嗎？	มีทิชชูหรือเปล่าคะ／ครับ
請問往清萊的車幾點出發？	รถที่ไปเชียงรายจะออกไปกี่โมงคะ／ครับ

介紹清盛機車出租資訊
一天租金 300 銖的租車選擇

　　清盛鎮上有一間摩托車出租店,沒有店名、也沒有登錄地址跟電話,店面甚至還有一半作為理髮店使用,位置在一間叫 อ้อมโมบาย 的手機店隔壁,老闆會講簡單的英文,給外國顧客填的資料表也是英文的,一天租金 300 銖。

手機店 อ้อมโมบาย

① 租車店隔壁是手機行 ② 租車附帶安全帽 ③ 亦有提供腳踏車出租 ④ 沒有店名但有英文標示

清盛週六夜市
感受湄公河畔的純樸風情

① 在地風情濃厚的清盛週六夜市 ② 各式美食攤販

　　一個禮拜才有一次的夜市，在湄公河畔舉辦，是非常非常在地的那種夜市，比清萊週六、週日夜市的鄉土味又更濃厚一些。清盛平常沒有什麼娛樂場所，每到星期六大家都是攜家帶眷來逛夜市，現場可以感受到那種很期待、很純樸的歡樂氣氛。

　　清盛週六夜市的攤販很多，尤其吃的東西更多，滿坑滿谷的美食，都還沒來得及全部品嘗過就飽了，購物的部分都是針對當地人的，適合外國遊客的商品不多。

　　由於鄉下地區所得較低，所以他們很喜歡二手衣物，也因此在泰北偏鄉的市集很常看到二手商品，如果不介意的話可以來挖寶，有時候一件品質不錯的日、韓系厚外套才 400 ~ 600 銖。

INFO

⌂ 在清盛警察局前面

湄公河畔小吃攤
在夕陽陪同下優閒野餐

　　每天傍晚過後，在清盛警察局對面的湄公河畔堤岸邊，會有很多路邊攤，有燒烤、炒菜，還有泰北炭火小陶鍋，在堤岸的人行道鋪上草蓆，放著簡單的小矮桌，客人席地而坐，伴著晚霞、雲彩，與河面上的片片輕舟，跟家人朋友一起喝點小酒，吃頓美食，是鄉下獨有的奢華享受。

① 夕陽西下的傍晚時分，白天的酷暑逐漸退去，晚風吹起，在湄公河畔席地而坐，一邊欣賞壯闊的河景，一邊與家人朋友共進晚餐
② 路邊攤的烤魚烤肉

INFO

⌂ 河畔小吃攤擺攤的河段跟週六夜市的位置差不多，大概也在警察局附近，一整排的小吃攤很醒目，馬上找得到。

金三角公園 ┃ สามเหลี่ยมทองคำ
眺望泰緬寮的觀光勝地

① 河上的小船往來三國之間 ② 三國交界處是遊客必訪的打卡景點 ③ 金三角公園的孟萊王雕像
④ 金三角公園的大佛

　　從金三角公園可以同時眺望泰緬寮三國的國土，這裡是清盛最人聲鼎沸的觀光景點，由於外國觀光客多，這裡的攤販英文程度普遍都不錯，公園服務處設有旅客諮詢中心，所有觀光上的問題都可以問他們。

　　金三角公園這邊還可以搭船到寮國，不用簽證，但並不是真正入境寮國，而是只能限定在河對岸、一個由中國商人營運的「金木棉特區」，特區裡有賭場、酒店、猛獸藥酒市場，整體觀光價值很低，但由於可以免簽證踏上寮國國土，還是吸引不少遊客，金三角公園有很多船公司，可一一詢問比價。

INFO

⌂ 370 Thapae Road, Soi 4, Tambon Wiang, Amphoe Chiang Saen, Chang Wat Chiang Rai 57150

🕐 24小時

212鴉片博物館▌212 House of Opium▌
พิพิธภัณฑ์บ้านฝิ่น
瞭解鴉片流傳發展史

博物館內的蠟像鴉片館

　　金三角公園對面的鴉片博物館，門票 50 銖，購票可免費挑選一張明信片。館裡收藏了很多鴉片文物，包括製作的工具、抽食的工具，還有買賣的器具，透過繪畫重現了當年泰北滿山滿谷罌粟園的景像，也透過蠟像展示了清代鴉片館的場景。在金三角製毒的全盛時期，甚至還出產過許多海洛因名牌，其中「雙獅地球牌」由於質純量精，市場價格非常高，甚至獲得「海洛因界 LV」的稱號，那些名牌商標也都收藏在館裡。

　　212 鴉片博物館詳細記載了鴉片在東南亞的流傳與發展，想更完整了解泰北的歷史，就絕對不能錯過。

INFO

⌂ 沒有登錄地址跟電話，但很好找，就在金三角公園馬路對面，或詢問金三角公園的遊客諮詢中心。

🕙 週一至週日07:00～19:00

清孔 | Chiang Khong | เชียงของ

品嘗最著名的湄公河魚

位在清萊市區東北方,與寮國相接,有通往寮國的陸路關口,是跨國旅客必經之地,城鎮規模很小,主要的商店集中在一條街上,熱鬧的區段總長大約一公里,有 2 家 7-11、超市,還有 Tesco Lotus 大賣場,餐廳小吃店很多,住宿選擇也不少,訂房網都訂得到。

整體來講清孔不是重點旅遊區域,居民的英文也不是很好,不過大部分備有英文圖文菜單,也可以用簡單的英文單字或短句溝通,少數店家英文不錯。全年大部分的時間都比較冷清,外來遊客不多,鎮上以當地居民為主,但是到了泰北旅遊旺季(約 11～2 月之間),隨著跨國旅客增加,這裡也會跟著熱鬧起來,飯店若沒有先預訂,臨時到的時候可能會找不到住宿。

清孔隔著湄公河與對岸的寮國「會曬」相對望,從這一頭可以清楚地看到寮國的房舍,兩地人民相互免簽,經常透過船隻頻繁往來,但如果是外國遊客就必須走陸路的關口。

最著名的美食就是湄公河魚,只有清孔才有,來到這裡一定要嚐嚐看!以下是從交通、景點、美食到住宿推薦的資訊,經整理後分享給需要的旅人。

① 餐廳的湄公河魚料理 ② 河對岸的寮國房舍 ③ 清孔街上的商店

Rim Khong restaurant | ร้านอาหารริมโขง
在地人最推薦的人氣餐廳

　　這間是清孔生意最好、最受歡迎的餐廳，Rim Khong 的意思是「臨湄公河」，顧名思義這是一間位在河邊，可以欣賞湄公河的景觀餐廳。在清孔幾乎每家餐廳等級的店都有賣湄公河魚料理，而這間的味道最受當地居民推崇，不管煎、煮、炒、炸都超好吃，大推他們的河魚泰式酸辣湯（Tom Yam ／ ต้มยำ）。

　　Rim Khong restaurant 的生意非常好，正餐時間可能一位難求，最好提早去。

① 餐廳入口 ② 來杯啤酒休閒一下吧 ③ 河魚泰式酸辣湯 ④ 涼拌海鮮 ⑤ 酥炸小河魚

INFO

☎ +856-53-791-105 ◷ 週一至週日11:00～21:00
⊕ https://reurl.cc/0zoXLA

先搞懂清萊市區到清孔的交通方式
照著步驟，馬上了解大眾運輸工具

Step 1　到清萊第一巴士站，於寫有「清孔」的月台搭車，開往清孔的車體上也會標註「Chiang Khong」，不只一個清孔的月台，搭車前詢問一下哪台車比較快出發。

Step 2　清萊到清孔的班車最早的一班是06:00，末班車17:00，期間每30分鐘一班車，整點出發的班車與30分出發的班車分列成兩份不同的時間表，也由不同的清孔月台發車，月台旁有提供時刻表。

Step 3　巴士都有隨車車掌，發車後車掌會逐一詢問目的地，然後收取車費。

Step 4　往寮國的陸路關口與清孔市區相距約5公里，會先到達關口，再到市區，車掌會跟外國乘客確認是要直接去寮國還是要進清孔市區，到站會提醒下車。

Step 5　清萊到清孔單程車資65銖，車程約2個小時。

Step 6　終點站就是清孔車站。

Step 7　清孔市區範圍很小，如果住宿地點在主街上面，通常從車站用走的一下子就到了，需要搭車的話，車站周邊也有很多嘟嘟車，距離若不是太遠，單趟是30銖。

Step 8　回程從清孔車站搭車。

介紹清孔機車出租資訊
一天租金 250 銖的租車選擇

除了 Day Waterfront Hotel，清孔還有一間 Baan Fai Guest House 也有出租機車，Baan Fai Guest House 就位在主街上面，門口有汽機車出租的告示，即使不是房客也可以租，一天租金 250 銖。

Baan Fai Guest House

清孔月台

INFO

Baan Fai Guest House | บ้านฝ้ายเกสเฮ้าส์

⌂ 108 Ban Wiang Kaew, Sai Klang Road, Wiang Sub-district, Chiang Khong District, Wiang, Amphoe Chiang Khong, Chang Wat Chiang Rai 57140

✆ +66-53-791-394

湄公河魚公園 ▎Catfish Park ▎ลานท่าเรือบั๊ค
清孔最具代表性

① 公園入口的巨大河魚雕像 ② 寺廟圍牆的河魚壁畫 ③ 清孔鎮上到處看得到河魚裝飾

　　湄公河魚在清孔的英文或稱「catfish」、或稱「local fish」，牠跟清孔的關係就像鹿之於奈良，一說到清孔就想到湄公河魚，而且在清孔的街道上，到處都可以看到牠的蹤跡，路燈、招牌、壁畫……湄公河魚無所不在，在主街的最北端，甚至還蓋了一座湄公河魚公園，由此可知其重要性。

INFO

🕐 公園24小時開放

Chiang Khong Coffee House ▮
บ้านกาแฟเชียงของ
連結歷史的簡約老屋咖啡館

① 設計風格清新舒適
② 茶飲跟咖啡都很好喝
③ 可愛的店貓

　　在巴士站附近一家可愛的咖啡館，以木造老房子改裝而成，地板鋪上光滑的水泥，擺著幾組木頭桌椅，布置風格簡約卻不單調，店裡空間寬敞舒適，還有 2 隻可愛的貓。咖啡館對面有一間廟，以及外牆一幅幅彩繪塗鴉，都跟清孔的環境或歷史文化有關，透過繪畫認識清孔，同時也是很熱門的拍照景點。

INFO

⌂ 126/1 Village No. 12, Wiang Chiang Khong Subdistrict, Amphoe Chiang Khong, Chang Wat Chiang Rai 57140

☏ +66-85-029-6591　🕐 週一至週日08：00～16：00

Bamboo Mexican House Restaurant
吃得到捲餅、焗烤法式麵包的墨西哥餐廳

① 口味道地的墨西哥料理 ② 夜晚的餐廳看起來像間小酒吧

　　跨國到寮國的旅客裡面，有很多是西方的背包客，因此不管是在清孔，或對面寮國的會曬，都有不少提供西方料理的餐館。這間 Bamboo 墨西哥餐廳的評價很好，捲餅、焗烤法式麵包或是貝果都超好吃，老闆是泰國人，卻能做出道地的墨西哥口味，而且又是在清孔這樣的鄉下小鎮，實屬難得。

INFO

⌂ 1020, Tambon Wiang, Amphoe Chiang Khong, Chang Wat Chiang Rai 57140

☎ +66-87-305-1750 ⏱ 週一至週日06:00～20:30

Day Waterfront Hotel | เด วอเตอร์ฟร้อนท์ โฮเทล
賞河景、供租車的高 CP 值旅店

這是老闆的父親留給他的飯店，他跟老闆娘 2 個人已經經營幾十年了，雖然歷史悠久，但是打掃得非常乾淨，房間也十分舒適，整體 cp 值很高，不但位在湄公河畔，有河景可以欣賞，飯店也提供租機車服務，一天 300 銖，最重要的是老闆跟老闆娘的英語很流利，人也超熱情，不管任何旅遊的疑難雜症都可以問他們，在清孔這種偏鄉小鎮來說，簡直就是不可多得的重要情報站！

如果離開清孔之後，要回到清萊或轉往帕黨，也可以請他們幫忙詢問班車時間，尤其往帕黨的車每天僅 1～2 班，他甚至會幫忙打電話給司機，向他描述客人的樣子，隔天請他們等人到了再發車，是一間值得大力推薦的優質旅館！

① 房間乾淨舒適
② 河景陽台
③ 一樓戶外公共空間

INFO

⌂ 789 Saiklang Rd, Soi Huawiang 11 M.1 T.Wiang, Hua Wiang Subdistrict,
Amphoe Chiang Khong, Chang Wat Chiang Rai 57140

☎ +66-86-972-0462 ⏱ 台幣720起（淡旺季價格不同）
🌐 訂房管道：Agoda/Booking.com

帕黨 | Pha Tang | ดอยผาตั้ง
不辭千里都要前來的人間仙境

帕黨山在清孔的東南邊 55 公里路程外,這裡是美斯樂之外另一個國民黨孤軍的根據地,村里的居民也都是雲南人,家家戶戶說著中文,不像美斯樂擁有那麼高的知名度,帕黨山在華人世界從來都不是個熱門觀光景點,甚至很多人連聽都沒聽過這個地方——但那僅限於華人世界,對泰國人來說,這裡可是每年冬天都讓人不辭千里開車上山來賞櫻、看雲海的人間仙境呢!

以下是從交通、景點、到住宿推薦的資訊,經整理後分享給需要的旅人。

①

① 正在播草莓苗的村民 ② 帕黨登山步道 103 觀景點 ③ 等待日出的遊客

先搞懂帕黨的交通方式

從清萊到清孔，再搭車到帕黨

從清萊沒有直達帕黨的公車，必須先到清孔，再從清孔轉乘雙條車上山。

清孔——帕黨班車時刻

	去程（清孔到帕黨）			回程（帕黨到清孔）	
週一至週五	10:00	12:00	15:00	7:00	12:00
週六、週日	10:00			7:00	
票價				100銖／人 若人數不夠，包車 500銖	
備註				冬天旺季會加開班次，無固定時間表。班車時間若有異動，以現場情況為主。	

轉乘雙條車

帕黨的雙條車搭車地點在清孔車站附近，從清孔車站走出來大馬路，馬路對面有一間7-11，過馬路來到7-11之後，往南邊走到下一個十字路口，車子就停在路口的轉角，是藍色的雙條車。

每天固定 2 個司機輪流開，其中一個阿潘大哥，20年前曾在帕黨華人朋友的介紹下，在台灣工作過 3 年，會講簡單的中文，他的連絡電話是0801327491，上山前一晚可

開往帕黨的藍色雙條車

請飯店老闆幫忙打電話確認隔
天發車時間。

　　山上沒有特定的停靠站，可
請司機大哥直接送到民宿，從帕
黨回到清孔亦可請民宿老闆連
絡司機，隔天到民宿載客人。

看到帕黨村的牌子就表示到了

騎車或自駕

　　帕黨山上沒有機車出租店，
少數情況為民宿主人將自己家
的機車以免費或收費的方式借
給房客使用，然而山區居民為
了省油省力，騎的都是打檔車，
習慣騎自動車的台灣人若無經
過充分練習，恐無法上手，加
上又是山路，容易造成危險。

　　山上點跟點之間的距離遠，
以步行的方式不易旅遊，建議
可從清孔租機車上山，租車時
請老闆提供馬力跟狀態好一點
的車。

山區居民偏好打檔車

包車

　　若同行人數超過 3 人，包
車就是個划算的選擇，帕黨的民
宿大部分都有提供包車服務，一
天的價格約 800 ～ 1000 銖之
間（人數太多可能會再加價），
可以一次帶遊客走完帕黨山、指
天山、指星山等重點行程，若要
看日出，司機亦可配合天亮前發
車。

民宿大多提供包車服務

帕黨登山步道 |
Doi Pha Tang View Point |
จุดชมวิวและกางเต็นท์ ดอยผาตั้ง
看得到日出雲海的健行步道

① 帕黨山的雲海 ② 102 觀景點 ③ 從高處眺望帕黨村 ④ 彩然亭 ⑤ 登山步道入口

　　當年國民黨孤軍幫助泰國政府清剿泰共、寮共的時候，與寮國相鄰的帕黨山就是第一線的戰場，時過境遷，那時煙硝瀰漫的浴血山頭，現今成了風光明媚的登山步道。

　　帕黨登山步道規劃良善，坡度的起伏和緩，無需專業登山設備即可輕鬆健行，沿途有 Pha Bong Siam Gate、彩然亭、佛像、石林、102 觀景點、103 觀景點等景點可以欣賞，其中 102 觀景點也是清晨欣賞日出跟雲海的地方。

Moon Shadow Resort |
ดาวล้อมเดือน ผาตั้ง รีสอร์ท
無可挑剔的高人氣民宿

① 房間後門看出去的景色
② 屋況很新，房間打掃得很乾淨
③ 後門外的走道

　　由台灣人老闆跟帕黨老闆娘開的這間 Moon Shadow Resort，是帕黨最優質的民宿，落成不到幾年，房間的狀況非常好，總房間數不多，很容易就客滿，需要提早預約。

　　訂房可透過粉絲專頁的私訊直接跟老闆預訂，打中文就可以，老闆娘非常熱情，而且很友善，如果客滿了，也會試著幫旅客詢問他們覺得不錯的民宿還有沒有空房，在帕黨旅遊的期間總是盡可能地協助房客解決旅遊上的問題，從各方面來講都是無從挑剔的優質民宿！

INFO

⌂ 125/1 Village No. 14, Por, Wiang Kaen District, Chiang Rai 57310
☎ +66-92-372-4386
🌐 粉絲專頁：https://www.facebook.com/moonshadowphatangresort/

達人
帶路

指天山 & 指星山國家公園
免護照免簽證，踏上寮國國土！

指天山跟指星山的山頂都有雙面國界碑，一邊是泰國，一邊是寮國，只要過了界碑就等於是踏上寮國國土了，所以免護照免簽證也能進行「跨國之旅」喔！
以下先分享交通資訊，接著再介紹指天山、指星山的看點。

指天山因山頂形成尖端指向天際而得名

交通

　　每年僅在冬天旅遊旺季的時候（約 11 月～ 1 月），清萊市區才有巴士直接開到指天山，但沒有明確的時間，司機會依據遊客的多寡自行判斷是否發車，關於指天山班車的發車情況，可至清萊巴士站的服務台洽詢。

　　旺季以外的時間，建議先搭車到清孔，再上帕黨山，進而前往指天山、指星山。指天山當地也沒有機車出租店，得從清萊市區或清孔市區租機車騎上來，指天山上各民宿大多有提供包車遊覽服務。

指天山┃Phu Chi Fa┃ภูชี้ฟ้า
賞雲海日出的最佳景點

① 山腳下是寮國的村落 ② 登山口前的紀念品商店 ③ 雙面國界碑，跨到另一邊就踏上寮國土地了喔！

　　指天山因其造型特殊，山頂形成一個尖端指向天際而得名，同時也是清萊的國家公園跟觀賞雲海日出的景點，隨後又開發了指星山登山步道。此地距離帕黨山僅 10 公里，3 座山的步道都不長，而且很好走，一天內可輕鬆遊遍。

　　指天山國家公園周邊的渡假村與民宿數量比帕黨多很多，聚落範圍也比帕黨大，只不過這裡的人幾乎都不會說中文、英文也不好，住宿選擇雖多卻沒有登入訂房網站，泰國本國遊客一般都是電話預訂，建議可以住在帕黨，白天再過來登山。

指星山 ▌Phu Chi Dao ▌ ภูชี้ดาว
彷彿置身於仙境中

　　指星山與指天山相距5公里，是後來新開發的步道，最高點與指天山一樣形成尖端，泰國人為它取了另一個浪漫的名字——指星山。

　　浪漫的還不只是名字，指星山的山頂以木頭築成長長的圍欄，一路延伸到山巔，站在圍欄邊，正眺望著涯下寬闊無垠的寮國大地，下一刻山嵐吹來，足下的天際一邊是晴、一邊是雨，山色變化之萬千，仿如置身仙境。

　　要上指星山不容易，從山腳下到登山口中間這段路崎嶇泥濘，一定要搭專屬接駁車，接駁車每趟最多乘載5名乘客，車資一人100銖，未足5人以500銖計算，為了避免發生意外，切勿嘗試自行開車或騎車上山。

　　接駁車司機一般都會停在上山的入口處等客人，連絡電話是0821840504／0932532649，建議出發之前預先連絡，為避免電話中因語言問題溝通不良，亦可請帕薰的民宿老闆協助撥打。

① 山頂長長的木頭柵欄，延伸到山巔 ② 整條山脊就是國界，一邊是泰國一邊是寮國 ③ 山嵐吹來，雲霧繚繞④ 入口處的接駁車司機電話 ⑤ 登山口接駁車

INFO ───

指星山

指星山入口處

清萊 ◎ 慢慢來

必訪文化景點╳絕美產地咖啡館╳道地美食╳
在地人行程推薦，讓你一次玩遍清萊

作　　　者	尤娜	
編　　　輯	吳雅芳、簡語謙	
校　　　對	吳雅芳、簡語謙、尤娜	
美 術 設 計	吳靖玟	

發 行 人　程顯灝
總 編 輯　呂增娣
主　　編　徐詩淵
編　　輯　鍾宜芳、吳雅芳
　　　　　黃勻薔、簡語謙
美 術 主 編　劉錦堂
美 術 編 輯　吳靖玟、劉庭安
行 銷 總 監　呂增慧
資 深 行 銷　吳孟蓉
行 銷 企 劃　羅詠馨

發 行 部　侯莉莉
財 務 部　許麗娟、陳美齡
印 務　　許丁財
出 版 者　四塊玉文創有限公司

總 代 理　三友圖書有限公司
地　　址　106台北市安和路2段213號4樓
電　　話　(02) 2377-4155
傳　　真　(02) 2377-4355
E - m a i l　service@sanyau.com.tw
郵 政 劃 撥　05844889 三友圖書有限公司

總 經 銷　大和書報圖書股份有限公司
地　　址　新北市新莊區五工五路2號
電　　話　(02) 8990-2588
傳　　真　(02) 2299-7900

製 版 印 刷　卡樂彩色製版印刷有限公司

初　　版　2019年10月
定　　價　新台幣 380元
I S B N　978-957-8587-93-9（平裝）

http://www.ju-zi.com.tw

三友圖書
友直 友諒 友多聞

國家圖書館出版品預行編目 (CIP) 資料

清萊。慢慢來：必訪文化景點╳絕美產地咖啡
館╳道地美食╳在地人行程推薦，讓你一次玩
遍清萊 / 尤娜作 . -- 初版 . -- 臺北市：四塊玉
文創，2019.10

　面；　公分
ISBN 978-957-8587-93-9（平裝）

1. 旅遊 2. 泰國
738.29　　　　　　　　　　　　108016129

遊泰國 **必** Buy

香氛保養品牌 BATH & BLOOM

以天然純淨 體驗生活的美好

泰國人氣香氛品牌BATH & BLOOM成立於2002年，強
調簡單、乾淨、快樂、聰穎且時尚的整體風格，承襲泰
國婦女口耳相傳的古老秘方，將當地充滿趣味的保養素
材，以貼近生活的形式與科技，提供給現代女性。

BATH & BLOOM香氛系列皆以天然植物萃取，精心設計
身體保養、天然手工皂、室內香氛、精油等人氣商品，
是許多人旅遊泰國必逛必買的最佳好禮。

BATH & BLOOM亦強力承諾-愛護地球與人類，產品皆
以天然成份製成，包裝材質為可回收素材，絕不進行動
物試驗，不聘僱童工。

暢銷人氣商品 泰國茉莉名媛系列

茉莉花是泰國花卉中的女皇，擁有甜蜜高雅的香氣與純白的花瓣，子
女會將茉莉花束獻給自己的母親，代表深刻的愛。
BATH & BLOOM泰國茉莉名媛系列是以香氣連接對肌膚的情感，散發
出的高雅香甜香氛，猶如在盛開的茉莉花園中散步。

哪裡可以買到呢？不需要大費周章飛到泰國，在台灣官網就可以體驗來
自泰國的質感天然香氛！

BATH&BLOOM

客戶服務專線｜02-28330363
官網｜www.bathbloom.com.tw
台灣地區獨家代理｜新葉國際股份有限公司

Bath&Bloom 沐香·綻放

官方購物網站

一個週末，走出文青戶外風

文青の生活散策。享受單純美好的小日子
江明麗、許恩婷 著／
楊志雄、盧大中 攝影／
定價 320元

探尋佇立河岸與山城的祕境書店，拜訪隱身街頭和巷尾的手作雜貨；走進百年料亭化身為書香繚繞的茶館，發現傳統產業轉型成時尚尖端的品牌。跟著我們繞島嶼一圈，來一趟充滿文青氣息的小旅行！

鐵道‧祕境：
30座魅力小站╳5種經典樂趣，看見最浪漫的台灣鐵道故事
楊浩民 著／定價 320元

跟著鐵道愛好者的腳步，認識陪伴台灣成長的鐵道路線，深入探訪30座各具魅力的小車站，輕鬆遊覽懷舊產業鐵道，一路體驗鐵道的經典樂趣！

台灣經典賞鳥路線：
出發賞鳥去！鳥類觀察與攝影的實戰祕笈
邢正康、范國晃 著／
莊琪州 攝影／
定價 450元

在關渡、金山清水濕地欣賞高蹺或西伯利亞白鶴飛舞，大雪山的巨木森林裡遇見帝雉、藍腹鷴、黃山雀……找個好天氣的假日，一同去賞鳥！

放自己一個長假，來個深度旅行

太愛玩，冰島：
新手也能自駕遊冰島，超省錢的旅行攻略
Gavin 著／定價 350元

追極光、泡溫泉、賞瀑布、登火山……詳細的自駕資訊、絕美的私房景點，跟著本書一起體驗高CP值的行程，探索冰與火相互交織的國度。

澳洲親子遊：
趣味景點╳深度探索╳免費景點╳行程懶人包
鄭艾兒 著／定價 380元

除了袋鼠、無尾熊，還能搭消防車逛大街、學衝浪、玩室內跳傘……知名地標雪梨大橋與歌劇院，澳洲，比你想像的更好玩！帶著孩子出發吧！

倫敦地鐵自在遊全攻略(套書)：5大人氣商圈╳30座風格車站╳110處美好風景╳300家精選好店
賴啟文、賴玉婷 著／定價 380元

跟著本套書，搭地鐵，玩倫敦，省錢又自在；還有必敗好物、必逛小店、必吃美食，帶你玩遍最精彩的倫敦。

親愛的讀者：

感謝您購買《清萊。慢慢來：必訪文化景點✕絕美產地咖啡館✕道地美食✕在地人行程推薦，讓你一次玩遍清萊》一書，為感謝您對本書的支持與愛護，只要填妥本回函，並寄回本社，即可成為三友圖書會員，將定期提供新書資訊及各種優惠給您。

姓名＿＿＿＿＿＿＿＿＿＿＿＿＿＿＿＿＿ 出生年月日＿＿＿＿＿＿＿＿＿＿＿＿＿＿

電話＿＿＿＿＿＿＿＿＿＿＿＿＿＿＿＿＿ E-mail＿＿＿＿＿＿＿＿＿＿＿＿＿＿＿＿

通訊地址＿＿＿＿＿＿＿＿＿＿＿＿＿＿＿＿＿＿＿＿＿＿＿＿＿＿＿＿＿＿＿＿＿＿＿

臉書帳號＿＿＿＿＿＿＿＿＿＿＿＿＿＿＿＿＿＿＿＿＿＿＿＿＿＿＿＿＿＿＿＿＿＿＿

部落格名稱＿＿＿＿＿＿＿＿＿＿＿＿＿＿＿＿＿＿＿＿＿＿＿＿＿＿＿＿＿＿＿＿＿＿

1 年齡
□ 18 歲以下 □ 19 歲～ 25 歲 □ 26 歲～ 35 歲 □ 36 歲～ 45 歲 □ 46 歲～ 55 歲
□ 56 歲～ 65 歲 □ 66 歲～ 75 歲 □ 76 歲～ 85 歲 □ 86 歲以上

2 職業
□軍公教 □工 □商 □自由業 □服務業 □農林漁牧業 □家管 □學生
□其他＿＿＿＿＿＿＿＿＿＿＿＿＿＿＿＿＿＿＿＿＿＿＿＿＿＿＿＿＿＿＿＿

3 您從何處購得本書？
□博客來 □金石堂網書 □讀冊 □誠品網書 □其他＿＿＿＿＿＿＿＿＿＿＿＿＿＿
□實體書店＿＿＿＿＿＿＿＿＿＿＿＿＿＿＿＿＿＿＿＿＿＿＿＿＿＿＿＿＿＿＿＿

4 您從何處得知本書？
□博客來 □金石堂網書 □讀冊 □誠品網書 □其他＿＿＿＿＿＿＿＿＿＿＿＿＿＿
□實體書店＿＿＿＿＿＿＿＿
□ FB（四塊玉文創／橘子文化／食為天文創 三友圖書──微胖男女編輯社）
□好好刊（雙月刊） □朋友推薦 □廣播媒體

5 您購買本書的因素有哪些？（可複選）
□作者 □內容 □圖片 □版面編排 □其他＿＿＿＿＿＿＿＿＿＿＿＿＿＿＿＿＿＿

6 您覺得本書的封面設計如何？
□非常滿意 □滿意 □普通 □很差 □其他＿＿＿＿＿＿＿＿＿＿＿＿＿＿＿＿＿

7 非常感謝您購買此書，您還對哪些主題有興趣？（可複選）
□中西食譜 □點心烘焙 □飲食類 □旅遊 □養生保健 □瘦身美妝 □手作 □寵物
□商業理財 □心靈療癒 □小說 □其他＿＿＿＿＿＿＿＿＿＿＿＿＿＿＿＿

8 您每個月的購書預算為多少金額？
□ 1,000 元以下 □ 1,001 ～ 2,000 元 □ 2,001 ～ 3,000 元 □ 3,001 ～ 4,000 元
□ 4,001 ～ 5,000 元 □ 5,001 元以上

9 若出版的書籍搭配贈品活動，您比較喜歡哪一類型的贈品？（可選 2 種）
□食品調味類 □鍋具類 □家電用品類 □書籍類 □生活用品類 □ DIY 手作類
□交通票券類 □展演活動票券類 □其他＿＿＿＿＿＿＿＿＿＿＿＿＿＿＿＿＿

10 您認為本書尚需改進之處？以及對我們的意見？
＿＿＿＿＿＿＿＿＿＿＿＿＿＿＿＿＿＿＿＿＿＿＿＿＿＿＿＿＿＿＿＿＿＿＿＿＿

感謝您的填寫，
您寶貴的建議是我們進步的動力！

CHIANG RAI

CHIANG RAI

美斯樂	特色景點	泰北義文史館 ☐DAY___	段將軍陵園 ☐DAY___	觀光茶園 ☐DAY___	美斯樂市場 ☐DAY___
	必吃美食	珊麗瑪餐廳 ☐DAY___	雲南麵餃館 ☐DAY___	烤雞與 青木瓜沙拉 ☐DAY___	新時代麵包店 ☐DAY___
美塞	暢遊景點	美塞邊境檢查站 ☐DAY___	泰國最北境牌坊 ☐DAY___	美塞關口前市場 ☐DAY___	巨蠍廟 ☐DAY___
	西側景點	BUSAW HOMESTAY ☐DAY___	PUFHAZAJE 餐廳住宿 ☐DAY___	Ozone Pamee 阿卡餐廳 ☐DAY___	Phu Phahee coffee ☐DAY___
更多推薦景點	美沾	翠峰茶園 ☐DAY___	清盛	清盛週六夜市 ☐DAY___	湄公河畔 小吃攤 ☐DAY___
	清孔	Baan Fai Guest House ☐DAY___	湄公河魚公園 ☐DAY___	Chiang Khong Coffee House ☐DAY___	Rim Khong Restaurant ☐DAY___
	帕黨	帕黨登山步道 ☐DAY___	moon shadow resort ☐DAY___	指天山 ☐DAY___	指星山 ☐DAY___

美斯樂佛寺
☐DAY___

茶市與
少數民族市場
☐DAY___

美斯樂
興華中學
☐DAY___

泰文小學後山路
☐DAY___

sweet
Maesalong Café
☐DAY___

旅宿推薦

wang put tan
boutique hotel
☐DAY___

賀大哥民宿
☐DAY___

新生旅館
☐DAY___

美塞Tesco Lotus
週日夜市
☐DAY___

睡美人山洞
☐DAY___

Phahee Coffee
☐DAY___

皇太后御花園
☐DAY___

Doi Tung Lodge
Hotel
☐DAY___

Baan Sabai
Maesai
☐DAY___

金三角公園
☐DAY___

212鴉片博物館
☐DAY___

Bamboo Mexican
House Restaurant
☐DAY___

Day Waterfront
Hotel
☐DAY___

皆星山出入口
☐DAY___